RALF KNEGTMANS

著　[荷]拉尔夫·克内格曼斯(RALF KNEGTMANS)
尹湛棠

译　雷秀云
审校　[加]凯文·奥唐奈(KEVIN O'DONNELL)
范 丽

敏捷人才

AGILE TALENT

NINE ESSENTIAL STEPS FOR
SELECTING TOMORROW'S
TOP TALENT

选拔
未来顶尖人才的
9个步骤

上海交通大学出版社
SHANGHAI JIAO TONG UNIVERSITY PRESS

内容提要

当今世界瞬息万变，技术变革掀起的巨浪，正在淘汰传统人才选拔模式，这将对人才的甄选产生深远的影响。书中结合西方和中国的商业实例，阐述了那些适应时代发展的企业都是启用了敏捷人才。作者结合自己的实践经验、高管访谈和最新研究成果，总结了选拔未来所需敏捷人才必经的3个连续阶段中的9个关键步骤，这样才能识别和物色到有才能、会与公司同舟共济、适应未来发展的敏捷人才，并阐述了如何留住这些敏捷人才，以确保公司未来发展更敏捷，更适应时代。本书适合公司高管、人力资源总监/经理以及其他寻找优秀人才的人士阅读。

图书在版编目(CIP)数据

敏捷人才：选拔未来顶尖人才的9个步骤/(荷)拉尔夫·克内格
曼斯(Ralf Knegtmans)，尹湛棠著；雷秀云译.—上海：上海交通大
学出版社，2021
ISBN 978-7-313-24087-3

Ⅰ.①敏… Ⅱ.①拉…②尹…③雷… Ⅲ.①人才学—通俗读物
Ⅳ.①C96-49

中国版本图书馆CIP数据核字(2020)第237076号

敏捷人才：选拔未来顶尖人才的9个步骤
MINJIE RENCAI: XUANBA WEILAI DINGJIAN
RENCAI DE JIUGE BUZHOU

著　　者：[荷]拉尔夫·克内格曼斯　尹湛棠	译　　者：雷秀云
出版发行：上海交通大学出版社	地　　址：上海市番禺路951号
邮政编码：200030	电　　话：021-64071208
印　　制：上海锦佳印刷有限公司	经　　销：全国新华书店
开　　本：710mm×1000mm　1/16	印　　张：14.5
字　　数：186千字	
版　　次：2021年1月第1版	印　　次：2021年1月第1次印刷
书　　号：ISBN 978-7-313-24087-3	
定　　价：68.00元	

序 一

2020年注定是跌宕起伏的一年,年初新冠肺炎肆虐,使全球各地陷入疫情之中。疫情带给世界经济的冲击始料未及,无论是经济还是民生全部停摆,损失不计其数。其引发的蝴蝶效应影响扩散到各个国家、各个行业。中国采取了积极的应对策略,措施得当,目前疫情得到了很好的控制,而经济在全面恢复当中,引领全球。同时,中美经贸摩擦的加剧使得外部环境发生了重大变化。在此背景下,中国提出了双循环战略,即充分发挥国内超大规模市场优势,逐步形成以国内大循环为主体、国内国际双循环相互促进的新发展格局。而这对培育已有人才和甄选适应未来发展的敏捷人才提出了新的要求。

我非常荣幸地向大家介绍《敏捷人才:选拔未来顶尖人才的9个步骤》(以下简称《敏捷人才》)的中文版。本书作者拉尔夫·克内格曼斯(Ralf Knegtmans)是欧洲领导力咨询界公认的权威。今天,技术变革掀起的巨浪,正在淘汰传统的人才选拔模式,拉尔夫·克内格曼斯的独到见解,使他在欧洲赫赫有名。三年前,《敏捷人才》的英文版问世,逐渐成为西方国家人力资源经理和企业领导人的"必读之作"。拉尔夫·克内格曼斯是欧信国际集团网络的荷兰合伙人,他经常参与欧信在全球的活动,包括敏捷人才实践小组的活动,他的参与使我们感到很荣幸。

《敏捷人才》为西方企业提供了最新的人才选择策略,那么,这些策略是否适合中国企业呢?毫无疑问,答案是肯定的。这样说有如下几个理由。

在过去 40 年中,中国经历了惊人的经济增长。很大程度上,这些经济增长可以归因于国家的经济政策,其中最著名的政策包括改革开放、"一带一路"倡议、亚洲基础设施投资银行(AIIB)和上海合作组织(SCO)。然而,经济的快速增长还有另外一个原因,即中国的文化。它鼓励人们艰苦奋斗,把握机会,甘冒风险,同时又审时度势、随机应变——所有这些都是"敏捷"人才所应具备的特质。

此外,中国人还有其他一些驱动企业进步的特征。比如"关系",即我们把自己置于关系网(包括商业关系网)中的古老习俗。事实证明,培养与他人之间的人际关系,是个人和企业取得进步的有效途径,特别是在正规联系薄弱的场合。但是,众所周知,仅凭个人关系行事,有时会造成恶劣的后果,因为个人之间的关系给人的感觉是下级对上级必须逆来顺受、言听计从、知恩图报。公司采用了敏捷策略后,会鼓励员工在有了创新性想法或有了解决老问题的新方法时,开诚布公地讲出来。

托马斯·霍特(Thomas Hout)和大卫·迈克尔(David Michael)在《哈佛商业评论》(*Harvard Business Review*)的一篇文章中点到了另一个问题:"在中国,最难能可贵的人才,是那些准备在私营企业打拼的人士,而不是一心想要进国企的顶尖候选人。**问题是,这些人才与私人企业签约后,往往不久就会跳槽,因此,中国私营企业的员工流动率高达每年 20%。此外,大多数公司在人才保留方面投入很少,而且……在指导、反馈和培训方面也很薄弱。"**[①]

我认为这就是《敏捷人才》的价值所在。从本书中,中国的企业管理者可以找到符合自己核心价值观和理想的切实可行的建议,帮助他们在变革的时代,物色到合适的人才。

---

① HOUT T,MICHAEL D. A Chinese approach to management [J]. Havard Business Review,2014(9).

《敏捷人才》的很多章节译自该书的英文版(而英文版则译自本书的荷兰语原版)。除此之外,我们还补充了一些中国企业的元素,以及中国公司或其外国子公司的高级管理人员提供的真知灼见。

毫无疑问,你可以从《敏捷人才》一书中,找到很多有用的工具,用以物色最优秀、能抵御未来风险的员工,同时拓宽提升员工效率和忠诚度的渠道。

尹湛棠

欧信国际集团董事长兼首席执行官

2020 年 11 月

序 二

> "21世纪的文盲不是指那些不会读写的人，而是指那些不会学习、不再继续学习的人。"
>
> ——阿尔文·托夫勒（Alvin Toffler）

与欧信国际集团的合作，使我和尹总建立了深厚的友谊。能和他合作出版《敏捷人才》的中文版，我很欣慰。

与商业领域的其他工作一样，领导力咨询和高管招聘，必须适应不断变化的技术和当今全球化的商业环境带给我们的机遇和挑战。尹总带领欧信国际集团砥砺前行的本领令我刮目相看。他体现了我所认为的敏捷思维——这种思维方式鼓励欧信系统内部员工及其合作伙伴，在实际工作中以敏捷的方式进行思考。

* * *

我还是小孩子的时候，就对有才华的人非常着迷。当然，那时我关注的不是管理者、专家或领导者。我那时感兴趣的是出色的手艺人，如获得欧洲大奖并把奖杯摆在自己的店铺橱窗里展览的鞋匠。让我同样感兴趣的还有著名电视主持人及职业运动员：他们成功的秘诀究竟是什么呢？是生来就有的特殊禀赋，还是什么神秘的未知因素造就了他们的成功？我父母有几个朋友是心理学家，他们讨论天赋这个话题时，我就会特别留心听。然而我一直也没弄懂，是什么因素铸就了成功。

儿时的思索，虽然没能让我找到人们成功的秘诀，但为我后来探究这个问题提供了原动力。

1993 年，我当上了一家驻美招聘机构的首席运营官，于是，考查人们的天赋便成了我职业生涯的一部分。我和许多同行有密切的合作关系，他们迫切地在候选人中为自己所服务的企业物色最有天分的人员。然而，他们极少能对每个有潜力的应聘者进行深入细致的考查，因为给予他们招聘任务的公司，一般是面临燃眉之急的单位，要刻不容缓地填补空缺职位。

一个朋友把我介绍给阿姆斯特丹的猎头公司 De Vroedt & Thierry。在招聘高级管理人员、董事会成员及监管机构成员方面，De Vroedt & Thierry 公司身经百战，招聘时通常不惜多花时间，精挑细选。该公司决定与我合作①，于是我有幸能服务于一些迫切地想为自己的管理团队物色合适人选的客户。这段经历给我留下的突出印象是，公司一般注重应聘者的经历、知识储备、学术背景及显而易见的才智。当时，筛选要经过好几轮，这在那个时代很不寻常，但是总的来讲，当时的招聘面试还是不得要领。最后对应聘者的选择，往往是凭借外部标准，辅以大量直观感受。

直觉无疑有它的作用，所以我不是说要免于受直觉的影响。但是直觉是有缺陷的。人类直觉的准确性参差不齐，而且即便是直觉非常灵验的人，也难免出错。本书探讨的各种诱人的陷阱及干扰因素，即便是经验丰富的专业人士，也常常无法避免。除此之外，公布甄选人才所用的各种措施，并确保自己的选拔过程有科学依据，对甄选工作的开展

---

① 我现在是这家公司的管理合伙人和共同所有者。

非常有利。专业的招聘人员应该明白,自己工作的一项重要内容,是向候选人(包括最终得到工作职位的人和被淘汰的人)解释自己的招聘决定及选拔过程。招聘过程透明,对于得到工作的候选人,或是没有得到工作的候选人,都是非常有益的。

在高管招聘领域工作了几年后,我对该领域有了一些初步理解,儿时对成功的景仰之情再度萌发,但是这次不同的是,我有了成年人的关注焦点:我开始思索目前的招聘方法应如何改进,才能上升到一个更高的水平。尽管我有很多工作经验,但我决定把它们搁在一边,尽量避免先入之见和现成的答案,而是跟随自己的愿望,深入探究问题的真谛。我搜集最新的研究成果,对我们公司的招聘方法进行分析,并研究了猎聘领域同行的做法。在采访专家、成功的执行总裁及杰出的青年才俊时,我特别留心了解了他们心中的成功要件。2007 年,我根据自己的研究成果写了一本书,书名叫《顶级人才:九个通用标准》[①]。此书深受读者欢迎,为我进一步研究这个课题提供了原动力。

下面是这几个标准的概括总结,可用于在不同领域发现、辨识并最终选出极为出色的人才。这些标准是:

——可靠性与创造能力

——激情和自我激励

——在时机成熟时脱颖而出

——保持学习能力

——化繁为简的能力

——知道如何设定远大而实际的目标

——解决问题时有前瞻性

——带点惰性或有点易于厌倦

---

① 目前,我写的著作中,只有《敏捷人才》有非荷兰语版本。

——有勇气和信心

我承认这个成功要素列表不尽如人意。但是,从我当时的实践经验、案头调研及进行的面试中,反复观察到的就是这些标准。它们经过了时间的检验。2007 年的时候,我就注意到,这些成功要素跟知识、学位和经验没有多大关系。当然,后者也是招聘工作的重要依据,但是它们的**预测效度**[①]远不如我们想象的那么高。

后来的几年里,我拓展了自己的研究,又出版了 2 本书。第一本是关于多样性的意义和谬误的。第二本是关于领导力的,书名是《如何成为首席执行官》。

与此同时,我意识到与以往相比,当今世界瞬息万变,这将对人才的选拔产生深远的影响。在西方,新兴的数字技术的深远影响已渗透到各商业领域,同样,源自软件开发的"敏捷"管理方法的影响也无处不在。而《哈佛商业评论》的一篇文章中所提到的管理方式的变革,也引起了我的注意,这个变革源自中国,势必在未来的若干年里改变西方的管理模式。该文的作者托马斯·霍特(Thomas Hout)和大卫·迈克尔(David Michael),在文中指出:

"目前,中国还没有像通用电气或三星这样的世界级公司,而且在其他国家的人们看来,大多数中国商人只是一味地敛财,并没有创新性的管理理念。但是,中国现在开办的管理课程之多,是其他国家无法匹敌的。

毫无疑问,即便是最好的中国私营企业,也还没有像丰田和日本其他企业在 50 年前创立全面质量管理、持续改进及即时系统等那样,创立全新的管理方法。但是,从这些中国企业

---

① 书后有一个词汇表,对重要概念加以注释。

那里,我们学到了当今管理迫切需要具备的素质:反应灵敏、因地制宜、机动灵活、雷厉风行。这些能力赋予中国企业巨大的优势……①"

显然,文章的作者对中国顶级企业全球影响力的估计过低,虽然阿里巴巴、腾讯、京东和华为等中国企业相继崛起,但要《哈佛商业评论》的作者们改变观念,可能还需要 5 年。然而,这些作者们认为,中国管理风格的主要优点是反应灵敏、因地制宜、机动灵活、雷厉风行,对此,我非常感兴趣。这些特点都是新兴数字技术环境的产物,与西方逐步兴起的敏捷方法如出一辙。

我的著作建立在我的个人经历、调查研究,以及对管理文献的广泛阅读的基础上。遗憾的是,写《敏捷人才》的过程中,由于工作压力,我没能直接探索中国商界的实际情况。

在 2019 年准备《敏捷人才》的中文版时,我有幸弥补了这一不足。除了在图书馆进行研究,我还采访了浙江杭州吉利控股集团(ZGH)、上海复星国际和北京银行等企业的高管。虽然我没有采访过那些引领共享单车潮流的高管,但我亲眼看到了这些共享单车公司对城市街道的影响,并通过商业媒体关注了这些公司一波三折的经历。

《敏捷人才》的中文版不是原著的简单汉译,它还包含了中国的商业实例。不过,本书的主要目的,是让中国管理者了解西方同行是如何"反应灵敏、因地制宜、机动灵活、雷厉风行"(即敏捷)地应对变化的。我希望《敏捷人才》的中文版能够帮助企业领导者协调两种文化背景下的人才选拔实践。

---

① Hout T, Michael D. A Chinese approach to management [J]. Havard Business Review, 2014(9).

* * *

不久的将来，在预测候选人能否成功这个扑朔迷离的领域，学位、经验和知识的预测效度将会越来越低。智商虽然仍将是一个重要的试金石，但是，在进行智力测试的同时，还必须辅之以评价候选人能为企业领导力做出的其他贡献。选择标准的巨大变革，是一个值得深入研究的课题。

正是为此，我写了这本新书，本书不仅面向人力资源经理或招聘人员，而且面向所有参与管理、选拔和负责激励员工的人。

我希望这本书能为那些高层管理人员所用，可惜的是，西方的高层管理人员常常觉得他们既没有时间也没有兴趣参与人才选拔工作。他们认为，这项任务可以分配给他人。但这样做实际上是低估了那些面向未来的顶尖人才从长远来讲对于公司的积极意义。

本书的主题与我前面描述的变化密切相关。了解了这些主题，相信你就能回答下面的问题了。

——在当今这个瞬息万变的世界里，所积累的知识及经验转瞬就过时了，在这样的情况下，如何招聘到合适的人才呢？对于一个要仰仗员工的敏捷性未来才有"前途"的公司，技术的飞速进步意味着什么呢？

——应该用何种标准才能甄选到顺应未来需求的人才，保证公司实现其长远目标？

——怎样才能构建合适的招聘过程，使善于顺应未来需求的或敏捷的人才脱颖而出？怎样才能确保最终入选的人才与公司相得益彰？

——是否存在什么工具或辅助手段，能使甄选人才的方法更加客观？如何打造招聘过程，以避免偏见对甄选过程产生不良影响？

——如何识别企业内部的善于顺应未来需求的人才？应该采取什么措施长期留住这些有才华的人？

——中西企业中，有没有可供参考的案例对于解决这些问题有借鉴意义，其经验可以作为其他企业的前车之鉴？

——如何制定甄选过程，用以挑选未来的可用之才，减少公司对外部咨询人士的依赖？

本书虽然提供了关于敏捷工作的例子，但它的核心内容却不是"敏捷工作环境下的人才"。相反，本书探讨的是顺应未来需求的人才，如何才能不断适应快速变化的企业环境。这种不断适应变化的需要没有减缓的迹象；因此，甄选人才的过程也要随之不断更新，不可有丝毫懈怠。

如果认为本书列举的甄选过程是一成不变的，那就大错特错了。应该根据局势的变化及理解的深入，身体力行，积极对这些甄选过程加以补充完善。要根据对世界发展的新认识，淘汰那些不合时宜的成分。

有一点是肯定的：这个新世界有自己的游戏规则，它们跟我们所熟知的规则大相径庭。这里有必要重复未来学家阿尔文·托夫勒的真知灼见："21 世纪的文盲，不是指那些不会读写的人，而是指那些不会学习、不再继续学习的人"。

拉尔夫·克内格曼斯

De Vroedt & Thierry 公司，欧信国际集团成员

2020 年 11 月

目　录

第一部分　高速发展和错误的选择

本部分着重讨论全球发展对企业的影响。从对不同企业的案例研究中，我们能学到些什么？它们如何构建自己的企业？它们如何甄选人才，以便延长"保质期"？就业市场会有什么走势？就业市场的变化将如何影响我们的人才选择标准？

第二部分　甄选未来的顶级人才

来自世界各地的例子表明，敏捷公司的成功主要归功于有弹性和敏捷的人才。选拔这种人才从来都不是简单的事，但遵循本部分介绍的 3 个阶段、9 个步骤，就能提高你找到有才能、会与你同舟共济的敏捷人才的可能性，确保你的公司未来更安全、更敏捷，并且减少你对外部意见的依赖程度。

第三部分　误区、清单及人才保留

在第三部分，我们将讨论甄选人才过程中容易犯的错误，介绍商业领袖们的建议，企业如何留住敏捷人才，并简要探讨寻访及招聘工作的未来发展趋势。

"不是强者生存，也不是智者生存，而是适者生存。"

——查尔斯·达尔文（Charles Darwin）

绪　论

> "信息世界日新月异，线性思维的企业将被淘汰。"
>
> ——彼得·迪亚曼迪斯（Peter Diamandis），奇点大学

"世界越来越全球化、数字化和无常化。" 这是《敏捷人才》荷兰版和英文版开篇的第一句话。在我们准备该书的中文版时，我感到从中国的角度来看，这句话尤为贴切。为了帮助我了解中国商界的概况，欧信国际集团的总裁尹湛棠先生建议我研究"共享"现象蓬勃发展的势头。共享现象的兴起，得益于微信和支付宝等技术及其"超级应用"支付功能。

中国城市里的共享服务中，最引人注目的要数停靠在市区指定地点（多数如此）色彩艳丽的自行车了：滴滴出行推出的绿松色青桔单车；中国最大的电商阿里巴巴支持的蓝白相间的哈罗单车；美团点评旗下亮黄色的美团单车。

我特别关注银色和橙色相间的摩拜单车①。摩拜公司是第一代共

---

① 2019年1月，摩拜更名为美团单车，具体细节将在后面讨论。

享单车巨头之一，现在归美团点评所有，是一个注定要走向末路的独特品牌。在共享单车的"初创"阶段——距今不到 5 年！——中国各大城市人行道上摆放凌乱的黄色单车，归自视为"谷歌第二"的小黄车所有。现在，小黄车已濒临破产。

尹总知道自行车在荷兰受欢迎的程度，所以建议我研究共享单车多舛的命运。他认为摩拜单车的历史特别值得研究。

2019 年 11 月，北京街头的共享单车。清洁工人在把多余的自行车搬到该放的地点。

荷兰人热爱自行车，自 1920 年以来，自行车就是荷兰的国家象征。所以，在采访高管之前，我先泡在图书馆和互联网，了解中国人向 21 世纪的数字时代转型之际，如何处置这一 19 世纪交通领域两轮革命的产物。以下是我的研究结果。

* * *

走上当今繁忙的街道之前，我们不妨退一步，思考一下改革开放 40 多年来中国取得的进步。自行车是大家熟知的大众化的交通工具，可以作为丈量这 40 多年所取得的进步的一个尺度。

一开始,中国的改革很谨慎,正如邓小平所说,是"摸着石头过河"。邓小平期待中国有一天会繁荣起来,"家家户户都有飞鸽"(飞鸽是当时备受追捧的自行车品牌)。

因此,改革开放初期,中国称得上是"自行车王国"。现在,只有老年人还记得那种自行车(除了飞鸽,常见的品牌还有永久和凤凰等)当道的景象。如今,从城市到村镇,充斥大街小巷的都是汽车。

飞鸽自行车

今天,自行车仍然是中国人生活的重要组成部分。不同的是,许多赶时尚的上班族和追流行的年轻人,都骑摩拜单车及其他可以随处取用或停放的共享单车。邓小平若是泉下有知,也会为这些本土的尖端和颠覆性技术感到骄傲。他也许还会劝诫年轻的自行车企业家,要珍惜"摸着石头过河"的机会。

* * *

胡玮炜是一位年轻女性(本书截稿时只有 38 岁),不久前,她只是一名以报道汽车新闻为生的记者。2015 年,她还在与同事共用靠近大楼公厕的办公室。改革开放以来,交通运输发生了很大的变化:城市居民现在可以乘坐一流的地铁和公交系统出行,甚至可以自驾。事实上,中国已经成为世界上最大的汽车消费市场了。

富裕的生活(以及政府大力推广汽车的举措)使许多人感到自行车过时了——中国的自行车数量从 1995 年的 6.7 亿辆下降到 2013 年的3.7 亿辆——但耗油的机动车带来了交通拥堵和日益严重的空气污染。虽然公共交通有了显著的改善,但城市居民发现,有时公交接入点离自己的目的地还有很长一段距离,这最后一公里是个很棘手的问题。

胡玮炜和她的同事,菲亚特克莱斯勒的软件工程师夏一平(Joe Xia),以及"共享"企业上海优步总经理王晓峰(Davis Wang),顺应时代的要求,萌生了一个脑洞大开的想法——华丽的飞鸽退出历史舞台,配备了时尚 GPS 的共享单车席卷自行车王国。只要支付 299 元的押金，就可用智能手机上的一款应用程序定位某辆单车，用专有的二维码应用程序解锁，然后用支付宝或微信支付 1 元钱，即可骑行 30 分钟。用户无须到自行车停靠站取车或还车；两轮的自行车随处都有——它们数量惊人，随手可得——骑完随便停在目的地（比如地铁站或商店附近）即可。拉动"智能"锁定系统上的控制杆，锁好单车，交易完成，这辆单车就可以供下一位用户使用了。

2015 年 1 月 27 日，这几位年轻的企业家成立了北京摩拜科技有限公司，开始了他们的融资计划，并在 10 月份获得了第一轮融资。2016 年 4 月 21 日，他们创立了摩拜制造（无锡）有限公司，第二天，橙色的摩拜就开始驰骋于上海的大街小巷，并在街边排起长龙。

不到一年，摩拜就取得了让科技界叹为观止的业绩。2017 年 7 月，在美国科罗拉多州阿斯彭举行的《财富》科技头脑风暴大会上，CEO 王晓峰的双轮奇迹引起了轰动效应。有位分析师预言共享单车存在一个潜在问题，即它们可能会在不合适的地方堆积如山。王晓峰说不会："摩拜单车装了 GPS 和 SIM 卡及'物联网'附加功能，可以跟踪和控制城市或其他区域的自行车流量。因此，假如某个地段的自行车过于密集，凭借上述设备，公司会了解到这一状况，并把它们转移到其他地方。事实上，如果有必要，摩拜会通过积分奖励的形式，鼓励用户参与改变单车的分布。"《财富》杂志刊登了一篇题为"这家中国初创企业解决了自行车共享的最大难题"[①]的文章，从名字就可以看出，连这本久负盛名的商业杂志对摩拜的成就都很钦佩。事实真的如此该多好啊！

一夜之间，这家刚起步的自行车公司就取得了骄人的业绩（以下是

① HACKETT R. This Chinese startup solved the biggest problem in bike-sharing［EB/OL］.（2017 - 07 - 18）［2019 - 12 - 01］. https://Fortune. com/2017/07/17/china-bike-share-mobike/.

截至 2018 年 6 月的数据)。

- 700 万辆摩拜单车在运营。

- 每天骑乘 2 500 万至 3 000 万次。

- 1.5 亿至 2 亿人使用摩拜。

2018 年春天,不久前还与他人共用一个厕所的摩拜创始人,以 34 亿美元的价格,将摩拜卖给了消费服务应用巨头美团点评①,这显然是有史以来最大的共享单车交易。胡玮炜接替王晓峰②,出任 CEO。她怀揣共享单车梦,开启了共享单车席卷中国的热潮:2018 年 2 月,《人民日报》报道说,有 4 亿注册用户(每天 7 000 万)在使用这个速成行业提供的单车。从事该行业的初创企业创造了 39 万个就业岗位③。一份报告显示,"共享单车改变了中国城市居民的出行习惯——人们开车出行的次数减少了 55%,先前用于解决'最后一公里'交通问题的非法摩托车减少了 53%"④。

但这并不是一个"此后永远快乐"的童话故事。首先,在共享单车热潮初期,摩拜有一个强大的竞争对手——小黄车。小黄车是 5 名北大学生于 2014 年创办的共享单车公司,声称自己是这一新兴行业中规模最大、历史最悠久的公司。其他数十家类似的企业曾经绽放、枯萎,并很快销声匿迹,小黄车则一枝独秀⑤。摩拜和小黄车,这 2 个初创企业先驱,得到了相当大的资金支持:摩拜(与其东家美团点评)由社交媒体巨头腾讯支持,小黄车由互联网巨头阿里巴巴控股集团支持。

---

① 美团点评于 2010 年成立,2017 年市值 300 亿美元,据称是中国增长最快的本土公司。

② 2018 年 12 月下旬,摩拜联合创始人胡玮炜,在掌舵 8 个月后,辞去摩拜首席执行官一职,并"因个人原因"离开公司。

③ Anon. Daily bike-sharing users in china peaked at 70 million: report [EB/OL]. (2018 - 02 - 08)[2019 - 12 - 01]. http://en. People. cn/n3/2018/0208/c90000-9425354. html.

④ TAN X M, YIN D F. Bike-sharing data and cities: lessons from China's experience[EB/OL]. (2018 - 01 - 17)[2019 - 12 - 02]. https://www. thegef. org/blog/Bike sharing Data and Cities Lessons China's-Experience.

⑤ 2018 年,同一篇《人民日报》文章指出,有 77 家公司在中国街道上投放共享单车。

2017 年 6 月,腾讯帮助摩拜在公开市场筹集了 6 亿美元资金;阿里巴巴发动反攻,在 2018 年初帮助小黄车筹集了 8.66 亿美元资金,使其资金储备高达 20 亿美元(这可能是资金相对紧张的摩拜出售给财大气粗的美团的直接原因)。2019 年 1 月,摩拜更名为美团自行车,其应用程序集成到美团的应用程序中。美团联合创始人王慧文负责该业务部门①。

几年前,这些最强大的中国私企为什么要向依靠踏板驱动的企业投入数十亿美元呢?共享单车行业竞争无比激烈,根本赚不到什么钱。尽管可以盈利,但由于共享单车企业拼命降价,结果连生存都很困难。

巨型企业积极向共享单车公司注资,原因是多方面的,一个原因是我们开篇就提到的:**世界越来越全球化、数字化和无常化的趋势**。另一个原因是《哈佛商业评论》提到的中国管理的运作精神:反应灵敏、因地制宜、机动灵活和雷厉风行②。

全球化。几年前才在中国涌现的共享单车公司,得到了世界上最有实力的公司和风险资金的支持,迅速从本地扩张到全球。到 2017 年,小黄车已经"在 250 个城市和 20 个国家,投放了超过 1 000 万辆自行车。公司市值高达 20 亿美元,每月活跃用户超过 6 270 万"③。与此同时,摩拜的自行车业务扩展到包括新加坡、日本、英国、意大利和德国等 15 个国家,遍及数百个城市。可惜的是,2 家企业的国外业务都一

---

① ZHANG Y. China's bike rental craze marks end of era〔EB/OL〕. (2019 - 01 - 23)〔2019 - 12 - 09〕. https://www. The Information. com/briefings/abe275.

② 《纽约时报》(2019 年 10 月 8 日)称"风险资本催生的过剩浪潮,导致经济快速增长",值得注意的是,直到最近,共享单车初创公司都受益于这股浪潮。GRIFFITH E. Silicon valley is trying out a new mantra: make a profit〔EB/OL〕. (2019 - 10 - 08)〔2019 - 12 - 04〕. https://www. nytimes. com/2019/10/08/technology/silicon-valley-startup-profit. html.

③ "Ofo(公司)"词条,维基百科,下载于 2019 年 10 月 6 日. https://en. Wikipedia. org/wiki/Ofo company.

败涂地。小黄车已到了破产的边缘。同样,由于美团点评竭力收回投资,摩拜也随之失去了霸主地位。

2016 年 11 月,此时共享单车还没上路,在北京举行的 20 国集团国家科技部部长论坛上,摩拜就得到了"中国科技创新能力典范"的美誉。政府对摩拜大为嘉许:在 2018 年全国人民代表大会"代表通道"集中采访时,马化腾(腾讯的首席执行官)代表兴冲冲地把"无桩共享单车"称为中国"四大新发明"之一,另外 3 项分别是高铁、网购和移动支付①。

和中国古代的四大发明(造纸术、火药、印刷术和指南针)一样,共享单车似乎会传遍全球,并为国家带来前所未有的红利。摩拜的投资者马化腾称共享单车是中国发明的,这未免有些夸大其词。但是,有目共睹的是,在埃森哲(Accenture)公司(始创于美国、现从事国际咨询)的支持下,中国企业家使共享技术遍及世界的每个角落,成绩斐然。埃森哲帮助摩拜强化财务和采购部门。美国风险投资公司红杉资本(Sequoia Capital)是摩拜的早期投资者。

可惜,国际合作并不一定能转化为全球盈利能力。由于地方法规、质量和供应链问题,以及单车遭人为破坏等问题,导致共享单车公司步履维艰。

数字化。共享单车的想法并不新鲜。事实上,利用自行车缓解交通拥堵并倡导便捷型个人交通,这一理念早已有之,摩拜和小黄车属于该理念的第四代传承。1965 年,荷兰"普罗沃"无政府主义者/梦想家卢德·席梅尔彭宁(Luud Schimmelpennink)在阿姆斯特丹投放了 50 辆白色的自行车,供人们按需取用。这些自行车很快被当局没收或被

---

① 20 国集团论坛召开 1 个月后,上海同济大学举办了一个研讨会,议题是"智能共享单车与城市可持续发展",摩拜在研讨会上出尽了风头。同济大学副校长江波说:"摩拜提出了'作为城市未来的单车共享'理念,这是中国目前五大发展理念之一:五个概念分别是创新、协调、绿色、开放、共享。在世界舞台上,摩拜是讲述中国故事的优秀大使。"

人盗走。席梅尔彭宁的想法太超前于时代：共享单车等产品的推行依赖数字设备，而数字设备的祖先——个人电脑——要再过 10 年，才会被电脑爱好者们用"MITS Altair 8800"套件组装出来。

快进到 2018 年 4 月，由于技术处理能力和网络链接的增强，联合创始人夏一平成为摩拜旗下一家新公司的负责人，这是一家智能交通实验室，"致力于为城市提供智能和全面的出行解决方案"①。夏一平没有把目光局限于 1～5 公里的自行车服务模式上，而是高瞻远瞩地想到了能处理 3～8 公里，甚至 15～25 公里距离的多模态式服务。共享单车、电动立式滑板车，以及还在孕育中的微型汽车，在尚无人涉足的物联网领域异军突起，是数字转型中的一个突破性进展。

无常化。至本书截稿时，中国无桩共享单车现象已经持续了 5 年，一些私营初创公司一举成名，如摩拜和小黄车，获得了令人垂涎的（虽然是暂时的）"独角兽"地位。在西方神话中，独角兽是前额长着大角的马，是一种罕见的动物。价值超过 10 亿美元的初创企业，同样也不多见。商业财讯巨头彭博咨询发现，"根据波士顿咨询集团的数据，在美国，一家初创企业平均需要 7 年时间才能获得独角兽的地位或者有超过 10 亿美元的估值。但是，在中国，只需 4 年"②。

美国人可能会把这种现象称为"野蛮的西部"现象，但这次的牛仔们来自东部。就像美国西部的枪手一样，当今公司之间的竞争有时也很残酷。2017 年 11 月，拥有 2 000 万用户的第三大共享单车公司小蓝单车宣布破产；6 亿元的投资资金也不足以维持其运营。2 年后，债权

---

① Anon. Mobike founder Hu Weiwei becomes new CEO replacing Wang Xiaofeng［EB/OL］. (2018－04－28)［2019－12－11］. https://medium.com/@pandaily/mobike-founder-hu-weiwei-becomes-new-ceo-replacing-wang-xiaofeng-8cacbdb14692.

② Anon. How Mobike's founder turned crazy idea into ＄3 billion startup［EB/OL］. (2018－04－04)［2019－12－11］. https://www.bloomberg.com/news/articles/2018-04-04/Mobike-turn-Crazy-Idea-in to-30-Billion-Startup-in-three-years. 另据胡润研究院（Hurun Research Institute）和《中国日报》报道，2018 年，中国每 3.8 天就诞生一家独角兽公司。

人一脚踩下了小黄车的刹车。这个共享单车巨头，曾在 250 个城市、20 个国家投放了超过 1 000 万辆单车。到 2018 年 12 月，瞬间成长起来的巨兽小黄车，宣称它所有的资产荡然无存（其名下无房地产和土地使用权，无外商投资，也无单车。虽然开立有一个银行账户，但该账户已被法院冻结了，或者账户中也没有任何余额）①。

共享单车是不是一个怪胎，像 17 世纪荷兰的郁金香热一样，出于某种原因，短暂地引起了公众的注意？答案是肯定的，一些固有的问题——单车令人讨厌地胡乱堆放在繁忙的城市人行道上②，自行车质量拙劣，故障频出，还有那些易怒的负责共享单车烂摊子的管理者——在 2018 年之前，就预示着共享单车的商业模式会出大问题。

那么，为什么"自行车王国"的大型高科技公司、投资界和政府如此看好这类新企业呢？原因有两个。2014 年，《哈佛商业评论》的一篇文章极有见地地指出了第一个原因："中国企业……比大多数西方企业更加情绪饱满，也更灵活……西方公司认为，多重隶属关系可以规避风险（例如避免出现不同的产品标准或招聘方法），同时实现规模效益和学习效益，但是大多数中国企业创始人兼 CEO 都不认同这个想法。中国人不惜代价，追求增长（总销售额或收入）最大化，并信奉有利于快速扩张的企业结构。事实上，因地制宜和速度，加上规模经济带来的低成本，不仅为中国经济注入了活力，也对其他国家造成了相当大的影响……用寒武纪这一物种激增和灭绝的时期，来类比中国从 1991 年至今这个阶段的商业模式，最恰当不过了。许多企业家失败了，但生存下来的企业家变成了足智多谋、灵活多变、非常有实力的竞争者。事实

---

① "2017 年 4 月，美团点评收购摩拜，将其从财务困境中拯救出来，美团是腾讯支持的在线到离线电子商务和食品配送超级 App，它本身就是动荡的科技环境和优惠券服务短暂热潮的产物和幸存者。这次收购把共享单车大战戛然推向尾声。摩拜凭借新获得的金融稳定性，将用户押金（299 元）全部免除，从而击败了已为数不多的竞争对手。"
② 对于自行车堆积如山问题的技术解决方案，王晓峰所持的观点过分乐观了，除此之外，开辟共享单车停放区等创新举措来得也太迟，无法挽回许多共享单车公司濒临破产的命运。

上，他们可以说是时代先锋。在他们引领的时代，快速适应能力、驾驭混乱环境的能力及慧眼识人的能力，将为他们带来全球竞争优势。"①

像共享单车这样的企业，在遇到波折时，要有百折不挠的精神。覆水难收，放眼未来，继续前进②。

这种看似短期的条件反射式的敏捷反应，与中国文化中固有的另一种品质——"风物长宜放眼量"的哲学思考——是相辅相成的。

投资巨头贝莱德集团的股票投资全球主管马克·怀斯曼（Mark Wiseman）说，人们关注共享单车，其实醉翁之意不在自行车，而在当今的新金矿：数据。怀斯曼表示："共享单车的拥有者，知道单车骑到了哪里，什么时候骑的，谁骑的。我可以告诉你，作为一个投资者，我愿意花大价钱买这些数据③。"美国作家劳拉·布利斯（Laura Bliss）指出："特别是骑行者信息与其他消费信息（如消费习惯、信用记录和地址）联系在一起时，对私人公司来说，这会变成价值不菲的商品。无桩共享单车看似不盈利，但其潜在的价值，对投资者而言，非常有吸引力④。"2018 年，《人民日报》网络版刊登了一张数十辆小黄车列于街道的照片，照片下方的报道称："根据共享单车的社会和经济影响报告，去年信息消费增长额中，101 亿元来自共享单车初创企业。"⑤

另一个长远的战略观点是：未来，公共交通的性质会发生革命性

---

① HOUT T，MICHAEL D. A Chinese approach to management［J］. Havard Business Review，2014(9).

② 这种管理理念，普通用户未必认同。2018 年 12 月，数千名用户包围了 ofo 公司总部，要求返还押金。

③ "贝莱德的怀斯曼说，北京的单车租赁业，说明数据即王道。"https://www. bloomberg. com/news/articles/2017-10-30/blackrock-s-wiseman-says-beijing-bike-rentals-show-data-is-king.

④ 劳拉·布利斯有一篇题为"无桩单车是网络安全隐患吗？"的文章，同样反映了对美国数据传输到中国的担忧。城市实验室，https://www. citylab. com/transportation/2018/02/are-dockless-bikes-a-cybersecurity-threat/552206/.

⑤ Anon. Daily bike-sharing users in china peaked at 70 million：report［EB/OL］. (2018－02－08)［2019－12－01］. http://en. People. cn/n3/2018/0208/c90000-9425354. html.

的变化,而共享单车将成为其重要的组成部分。澳大利亚政府一份名为《未来交通战略 2056》的文件称:"预计未来人们可能不需要有驾照,他们出行可能要依赖多模态的交通网络(铁路、公交车、渡轮、自行车的结合使用),所有交通模式由一个交通承运人(或由签约子承运人)承担。阿里巴巴和腾讯等企业巨擘(小黄车和摩拜的后盾)也看到了同样的商机,并自告奋勇地承担了上述角色。"①

在 21 世纪,所有的交通方式都在蜕变,逐渐成为数据驱动平台上的枢纽。那么,领先无人驾驶汽车和送货无人机的无桩共享单车,作为 19 世纪交通革命的后嗣,是否能继续扮演关键角色呢? 正如一位技术专家所言:"交通已被纳入数字经济的主流……人们会想,'我在网上买电影票,我什么事都通过手机在网上完成。我希望出行也能这样'。而自行车共享确实很适合基于应用程序的运作模式。"②

从这个战略视角出发,很容易看出共享单车是符合中国工业发展的宏伟愿景的。在十三届全国人大一次会议上,国务院总理李克强表示,中央政府将推广工业物联网平台,使产品能够适应、学习和记住消费者的偏好。海尔等企业的发展战略与政府的计划完全吻合。家电巨头海尔已经开发了 COSMOPlat,这是一个工业互联网系统,带有从客户、供应商和工厂收集数据的传感器和应用程序。COSMOPlat 使海尔能够建立智能工厂,整合企业及其客户。用首席执行官张瑞敏的话说:**"互联网时代最重要的特征是与消费者零距离接触。"**③摩拜的智能交通实验室(现已集成到美团点评)旨在创新,使共享单车、电动摩托车和其他新生交通工具,处于世界数字化转型的先导地位。摩拜最终推

---

① "无桩共享单车,是中国科技巨头争夺的前沿阵地",http://www.afr.com/lifestyle/cars-bikes-and-boats/cycling/dockless-bikes-are-part-of-a-battle-between-chinese-tech-giants-20180420-h0z1m8.

② 同上。

③ MA S, FAN F F. 'Technology' is buzzword for manufacturers[EB/OL]. (2018-03-19)[2019-12-13]. "http://www.chinadaily.com.cn/a/201803/19/WS5aaef6aaa3106e7dcc142571.html.

出了两个版本(经典版和精简版)的自行车,并推出了每款车型的第二代,这样做的目的是为了与消费者零距离接触。

然而,前不久还被投资者乐观情绪看好、风光无限、取得技术突破的初创企业——美团单车(前摩拜),由于 VUCA 时代的来临,如今却面临着强大的监管和投资者阻力。最近出现在专业文献中的缩写 VUCA 代表易变性(volatile)、不确定性(uncertain)、复杂性(complex)和模糊性(ambiguous)。西方也经历过 VUCA 时期一波三折的命运,不过根据我对中国的研究,对于 VUCA 危机,它可能有不同于西方的应对方式。在坐下来了解中国高管的真知灼见之前,我们先介绍一些西方的例子。

* * *

变革的步伐不仅对我们作为消费者和公民的生活产生了影响,对公司和公司业务也产生了深远的影响。自 2000 年以来,全球人类的寿命增加了 5 年(中国的成就更为卓越,从中华人民共和国成立前的 35 岁左右增加到 2017 年的 76.5 岁),相比之下,公司和公司业务的平均寿命却缩短了。对公司的"创造性破坏"并不是什么新鲜事——1942 年,经济学家约瑟夫·熊彼特(Joseph Schumpeter)注意到,新公司因创新而蒸蒸日上,而很多老牌公司却未能抓住机遇。

现在所不同的是,企业、服务和职业所处的数字环境,往往会招致周期性大起大落,比如谷歌、脸书、柯达、诺基亚都是如此。

企业生命周期缩短是普遍趋势,影响着全世界的格局。《连环创新者:改变世界的公司》(Serial Innovators: Firms That Change the World)一书的作者克劳迪奥·费瑟(Claudio Feser)指出,美国企业的平均寿命已经减缩短到 15 年,而在 20 世纪 50 年代,企业的平均寿命长达 45 年。据传,汽车制造商通用汽车的首席执行官查尔斯·威尔逊(Charles Wilson),在 1953 年曾说过:"对通用汽车有利就是对美国有利。"他的话后来被歪曲了,但他所说的话代表了很多人的心声,即通用汽车作为美国梦的驱动者,发挥了巨大的作用。2009年,通用汽车破产,股东血本无归。当然,通用汽车现在还在,但叫"通用汽车公司",两者完全不是一码事。

为什么原来的通用汽车失败了呢? 运气不好是原因之一。2008年,正值全球金融危机动摇消费者信心之际,通用的财务状况也处在关键阶段。销售额直线下降,市场份额的减少致使通用无力支撑高额的劳动力成本。但导致通用失败的最主要原因,还是多年来的自满情绪,生产的汽车质量拙劣,对消费者的怨言置若罔闻。

由此推断,即使是非高科技领域的企业,如果不增强创新能力,也有可能在不远的将来[①],寿命进一步缩短,最多坚持5～10年。摆脱这种命运的唯一途径,是企业不断地自我创新——如果企业规模大,还可以通过吞并初创企业来求生存。摩拜被腾讯旗下的美团点评收购,小黄车的资金来自小米和滴滴出行等公司,甚至还包括俄罗斯投资者数码天空科技(Digital Sky Technologies)。小黄车公司保持了其企业独立性,却失去了长期可持续性;并非所有渴望成为巨人的公司,都能保持强劲的增长势头。

企业不仅寿命缩短(摩拜公司3年的寿命并非个案),还必须适应一整套新的基本价值观。在前互联网时代,公司尽量藏匿自己的专有知识,或通过专利对其加以保护。目前仍然有人这样做,但因互联网成为主流,局面发生了新的变化,只有开源共享,才能前途无量。摩拜的创始人虽然提出了重大的设计创新[②],但并没有发明单车共享的理念。

---

① 但哪家公司能逃脱新时代的数字魔爪呢? 通用汽车前副总裁鲍勃·鲁兹(Bob Lutz)认为:"汽车时代即将结束……20年内,人类驾驶的车辆,就会合理合法地被驱逐出高速公路。现在以美国底特律、德国和日本为中心的产业,将被Lyft、优步、谷歌及其他科技公司接管。"参见《通用前副总裁预测汽车工业的未来:汽车工业没有未来》,载于《石英》杂志,2017年11月,http://www.qz.com/1122534/fore-gm-chairman-bob-lutz-says-the-end-of-the-car-industry-is-near/.

② 例如,摩拜没有在所有车轮上安装易折的轮辐,而是换成了5根相互成72°角的金属棒,以提高自行车的耐用性并降低维修成本。

这个理念来自他们所处的时代，在这个时代里，藏匿起来的知识寿命好比鲜鱼，极其短暂。如今，用来打开城堡的钥匙，是快速地获取和使用知识，而非囤积知识。[1]

同理，资本对企业仍然至关重要，但它已不再是企业寿命的决定性因素了，伊士曼·柯达（Eastman Kodak）令人唏嘘的历史恰恰证明了这一点。本章开头提到过的创新专家彼得·迪亚曼迪斯解释说："1976年，柯达发明了数码相机。柯达拥有知识产权，拥有行业领先的优势。" 20 年后柯达仍然高歌猛进，拥有 280 亿美元的市值和 14 万名员工，但灾难很快要降临了。迪亚曼迪斯接着说："以柯达的地位，本应无往而不胜。然而，它却在 2012 年申请了破产，败给了自己发明的技术。" "之前，柯达的主要业务是'纸张和化学品'（胶片开发），这是公司最赚钱的部门，而数码相机的研发则是砸钱的买卖。"

柯达公司看到了数字时代的迫近，但认为数码相机在专业市场之外不会有吸引力。"数码运动"的摧枯拉朽之势，是他们始料未及的。[2]

---

[1] 美国批评中国侵犯专利，但如今，中国公司在人工智能、机器人、区块链和其他数字技术领域，都在积极创新。中国已经甩掉了"世界加工厂"的名声。举一个典型的例子：有那么几十年，中国南部城市东莞的工厂大批量地生产西方国家消费的"中国制造"产品。从东莞工厂的照片上可以看到，工人们排成长长的一队，组装着低端商品，准备装运。但由于经历了一段经济低迷时期，加上劳动力成本不断上扬，近些年，很多城市工厂（如劲胜智能集团股份有限公司），开始向自动化的宏伟目标进发。劲胜注重开发尖端设备制造和智能制造服务，因此，机器人在逐步取代流水线上的工人。见 http://www. assignment-asia. com/new-index-1#made-in-china-by-robots-1.

[2] 彼得·迪亚曼迪斯博士，科技博客：柯达的教训 http://www. diamandis. com/blog/lessons-from-kodak。柯达仍然存在，但在不断出售资产。柯达错过了上次的数字革命，作为补偿，它申请生产一款热门新产品的许可：推出自己的区块链项目——加密货币，称为柯达币。这是"一种以照片为中心的加密货币，使摄影师和机构能够更好地管理图像的版权"。KodakOne 是利用人工智能图像识别技术，在互联网上识别图像的网络爬虫。虽然在 2018 年 1 月它受到了质疑，但在 2019 年 1 月，却创造了 100 万美元的微利。当你读到这本书时，尘埃可能已经落定了：曾经风光无限的柯达，要么在逐续恢复它的地位，要么在继续走下坡路。参见大卫·Z. 莫里斯（David Z. Morris），"柯达币，ICO 狂潮中最大的笑点之一，可能会笑到最后"https://breakermag. com/exclusive-kodakcoin-one-of-the-biggest-punchlines-of-the-ico-mania-may-have-the-last-laugh/.

技术进步的影响

技术——从印刷机到蒸汽机和互联网——一直是颠覆现状的巨大力量。今天与以往的不同之处，在于技术在我们的生活中更普遍，进步更快。电话发明后，又过了50多年，半数美国家庭才有了电话。收音机用了38年的时间才吸引了5 000万名听众。但脸书在第一年就吸引了600万名用户，在接下来的5年里，这个数字翻了100倍。中国的微信拥有3亿用户，超过了美国的成人人口数。人们越是快速地接纳创新，创新出现的速度就越快。在2009年（iPhone发布2年后），开发人员完成了大约15万个应用程序的开发工作。到2014年，这个数字已经达到了120万，用户下载了超过750亿个应用程序，地球上每个人下载至少10个。近年来，创新增长速度快、影响面广；从当前的情况看，它将继续以指数级的速度上扬，变化速度令人瞠目结舌。①

* * *

世界在技术迅速变化的影响下举步维艰。本书的读者无疑对这些变化的广度和速度并不陌生，但是有些变化之大，即便是他们也会瞠目结舌。我的同事，欧信国际集团总裁尹湛棠先生和劳里·奥唐纳（Laurie O'Donnell），在采访时任苏黎世综合保险（中国）有限公司北京首席执行官于璐巍时，就注意到了这一点。于璐巍生动地描述了技术变革对金融业中保险业务的影响。

于璐巍：保险公司为客户提供服务的方式变化极快。例如，我们每

---

① DOBBS R，MANYIKA J，WOETZEL J. The four global forces breaking all the trends [EB/OL]. (2015 - 04 - 01)[2019 - 12 - 01]. https://www.McKinsey.com/business-functions/strategy-and-corporate-finance/our-insights/The-four-global-forces-breaking-all-The-trends.

天都要支付很多索赔款。但是,今天的索赔支付方式与20年前迥然不同。在过去,如果遇到车祸,就必须去保险公司,填很多表格,和保险理赔员讨价还价,经过一个可以说漫长的过程后,赔款要么现金支付,要么转入银行账户。现在,则可以用支付宝或者微信接收理赔款。早先,整个索赔过程——比如说2 000美元的赔款,从保险公司的角度来看数目很少——得要4周才能完成。现在可能只要5秒钟就办好了。

劳里:5秒钟!公司不要派人查验所受的损失吗?

于璐巍:不必。如果是小车祸,可以用微信上的拍照应用程序拍照。照片会自动发送到中央平台,公司在平台上处理。如果你是一个讲信用的客户——如果你有良好的征信——这个过程会很顺利,计算机程序会确定赔付的数量,比如说,2 000美元。处理结果将发送到财务会计系统。财务系统里有你(客户)的微信账号,赔付金额5秒钟内就会转到你的微信里。

尹湛棠:你是说那两辆车还在街上——司机们还在争吵——赔款却已经到账了!

于璐巍:确实是这样,这是当今我们能给客户提供的增值服务。如果你想修车,一个应用程序可以告诉你最近的汽车维修店。只需按一个键,应用程序就可以根据成本效益为你选择维修服务。4S店竞相为你服务。假如你想借车,他们也会满足你的要求,还会把你出了故障的车拖到车库。而这些全部是自动进行的。

* * *

线性增长与指数增长

本章的开头引用了彼得·迪亚曼迪斯博士的一句话:"信息世界日新月异,线性思维的企业将被淘汰。"如今,在企业战略、全球变化、思维过程等方面,将"线性"与"指数"进行比较,已经司空见惯了。科技预言家迪亚曼迪斯所说的"线性"和"指数"的意思是:"如果有人让你直走30步,你会知道走完后,自己离起点的距离是30步或30米。一步都还没迈,你就已经知道终点在哪里了。但是,如果有人让你走30个指数步,你怎么走呢? 那将是10亿米的距离,或者说是绕地球26圈。这个距离很难想象得出,对不对?①"后者的确很难理解。但是可以参考一个例子:1972年,英特尔推出了第一款商用微处理器——英特尔4004,开启了所谓的"全普及计算和数字通信的新宇宙大爆炸"②,这个"爆炸"在20世纪70年代和80年代,波及范围有所扩大,但真正开始影响全球是在90年代中期,互联网出现以后。想想1972年至今芯片技术带来的变革,就很容易理解什么是30个指数步了。

图0.1说明技术变化不是以线性速度,而是以指数速度发生的。线性增长是稳步、循序渐进地进行的,而指数增长则是以极为迅猛的速度完成总体增长。如果想要促进公司的成长,必须记住这一点。如今,

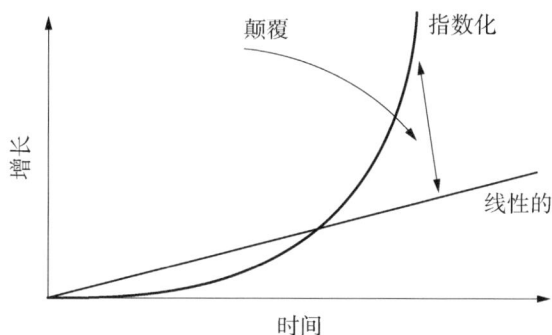

图0.1　指数增长与线性增长

① DIAMANDIS P. Exponential thinking and why it will change the world [EB/OL]. (2015 - 10 - 12) [2019 - 12 - 02]. https://www. Huffington Post. com. au/2015/10/12/ Exponential-Thinking\u n_. html.

② DENNING S. Understanding disruption: insights from the history of business [EB/OL]. (2014 - 06 - 24)[2019 - 12 - 02]. https://www. Forbes. com/sites/stevedenning/2014/06/24/ understanding interruption insights from the history of business/#2f84020e6b63.

不论哪个商业领域,指数增长基本上都是源于计算机技术的影响。这种现象的根源是摩尔定律,即计算机芯片的性能将每两年翻一番;但现在指数增长的领域局限在人工智能、区块链和其他一些突破性技术方面。目前大多数人的思维和行为仍然是线性的,但如果我们要在未来取得成功,就必须从线性思维系统转向指数思维系统。从柯达的例子可以看出,这样做并不容易。

柯达大体上接受了"指数思维",甚至聘请了一个富有"指数增长"理念的人艾德·麦克尼尼(Ed McNierney),来管理公司的数字战略部门。但是,就像西方神话中的卡桑德拉遭受了诅咒一样,艾德·麦克尼尼的预言虽然都将实现,可就是没有人听信他的预言。他费了九牛二虎之力想让柯达管理层相信,数字海啸就要爆发了,管理层却就是目光短浅地只看到胶片和化学制剂。

苏塔帕斯·阿蒙维瓦(Sutapa Amornivivat)博士警告说:"人类天生就是线性思考的动物。我们经常(错误地)高估技术的短期影响,而低估其长期影响。因此,我们有可能过早地摒弃新技术,从而错失可能产生轰动效应的技术。"①换言之,我们要从现在做起,适应前所未有的巨大、迅猛、影响深远的变化。

新的商业模式

毫无疑问,你已经不止一次听说过新的商业模式了,但这里还是有必要讨论一下这些商业模式给我们的经验教训。我说的商业模式,是指数字化带来的尖端企业。一个例子是"聚合"平台业务,它们形成网络,以 24/7 的模式匹配全球供需来赚钱,而不需要实际拥有实体资产

---

① AMORNVIVAT S. Educated by artificial intelligence [EB/OL]. (2018-06-27)[2019-12-03]. https://www.bangkokpost.com/opinion/opinion/1493030/educted-by-artificial-intelligence.

或财产。世界上最大的出租车公司没有车辆,最受欢迎的媒体企业没有自己的资讯,最有价值的电子商务平台没有库存,最大的住宿供应商没有房地产。它们独特的卖点,是一些人们从前闻所未闻的东西。

优步(Uber) >	世界上最大的没有一辆车的出租汽车公司
世界上最受欢迎的不创造任何资讯的媒体公司	< 脸书(Facebook)
阿里巴巴(Alibaba) >	最有价值的没有库存的电子商务平台
世界上最大的没有房地产的住宿供应商	< 爱彼迎(Airbnb)

"这个世界瞬息万变。 过去,如果要评估中小企业的风险,我们总是用最近 3 年的业绩来判断它是否有盈利。近 3 年的盈利情况,是判断企业偿付能力的可靠指标。 然而,在今天的背景下,中小企业必须在一个不断变化的环境中运作,这个指标已经不能说明任何问题了。 因此,必须使用其他指标,才能更有效地对企业进行评估。 比如,可以看社交媒体对某位企业家的评级。"

——拉尔夫 · 哈默斯 (Ralph Hamers),安智银行首席执行官

拉尔夫·哈默斯所讲的,正是金融业从前一直沿用的基本业务模式逐步被时代淘汰的过程。 即便是初创企业,也可能使模拟时代的标准程式遭受灭顶之灾,比如苏黎世综合保险(中国)有限公司首席执行官于璐巍,就是一个很好例证:2016 年,众安在线财产保险股份有限

公司,成为中国第一家只提供在线服务的保险公司。它没有传统保险公司所受的各种羁绊,因此保单价格低至 1.47 美元! 而中国消费者购买低价保单的数量之大,让传统保险公司望尘莫及——众安每天卖出1 亿份保单——每秒 1.3 万份! 众安之所以成功(至少截至本书撰写时很成功),是因为它充分利用了数字优势,包括人工智能和机器学习优势。客户的问题 97% 是由"聊天机器人"回答的,这是一个模拟人类交互体验的计算机程序。不跟人接触,只与机器打交道,你会感到不自在吗? 年轻一代不会。众安首席运营官许炜表示:"我们的年轻客户更热衷于计算机服务和通信,不太习惯电话联系。"①

大多数人一提及"颠覆性创新",就会联想到那些成功地颠覆了我们熟悉的商业模式,给成熟的市场参与者带来麻烦的新产品和服务,例如智能手机摄像头。柯达只是被颠覆的企业之一:WhatsApp 和微信已对老牌的电信公司造成了压力,而优步则对出租车行业构成了巨大的威胁。

旁门左道的颠覆性创新

但颠覆性创新通常并非从天而降,一举压倒恐慌的传统企业的。《创新者困境》(*The Innovator's Dilemma*)的作者克莱顿·克里斯滕森(Clayton Christensen)指出,创新往往走旁门左道,开发出某种迎合众人喜好的产品,专供现有市场主体不放在眼里的消费群体使用。这个群体消费能力低,期望值也不高,对市场来说无足轻重。在初期阶段,对于新出现的产品或服务,现有的市场参与者会持蔑视的态度。他们占据市场顶端,居高临下,看不起那些对这种新产品感兴趣的边缘客

---

① Anon. Online insurer ZhongAn uses artificial intelligence to improve its products[EB/OL]. (2017 - 10 - 30)[2019 - 12 - 15]. http://www. scmp. com/business/investor-relations/stock-quote-profile/article/2117527/Online-insurance-ZhongAn-uses.

户，甚至认为他们低人一等。

就这样，在老牌公司还蒙在鼓里的情况下，市场的新加盟者针对自己的低端用户，不断改善产品和服务，从而使其产品和服务的质量节节攀升；突然之间，中等价格的市场份额也为之打开。等老牌企业警醒时，往往为时已晚，来不及阻止新进入的企业蚕食"它们"的市场了。①

举一个经典的例子：美国的汽车公司，一直到 20 世纪 70 年代都在生产大型耗油的汽车，以满足富裕客户的需求。与此同时，丰田等公司针对美国市场不断增加的实际需求，开始生产更小、更可靠、更省油、更实惠的汽车，从而蚕食了美国汽车公司的市场支配地位。美国三大汽车公司的国内市场份额因此下降了三分之一以上。

克莱顿·克里斯滕森所描述的颠覆性创新，诠释了一类初创企业的性质。这类初创企业初期通常专注于看起来微不足道的那部分市场。采用该战略的初创公司，不同于那些直接瞄准成熟企业市场核心的初创公司。后者最终都会被收购，以免对成熟企业构成严重威胁。

企业的生命周期即便不因颠覆性创新而缩短，也会由于各种技术变革而大为减少。如果企业想扭转局面，就需要不断地重塑自己。特斯拉、优步和爱彼迎，就是异军突起的新企业的代表，它们不断扩大市场份额，向全世界昭示：即便是声誉很高的公司，也可能毁于一旦，被新的企业所取代。

---

① 克莱顿·克里斯滕森被誉为"地球上最有影响力的商业思想家"。他喜欢用美国钢铁业遭受打击的例子来说明问题。"钢铁巨头"通常是经营、生产优质钢板的大型综合钢厂。小型钢厂生产钢材成本较低，特别是在使用废金属的情况下，成本更低。但一开始，它们的产品只适合做钢筋，用来加固混凝土，这部分市场利润很低。生龙活虎的初创企业要生产钢筋，综合钢铁厂丝毫不以为意。然而，那些迷你企业沿价值链攀升，逐渐开始与老牌公司正面竞争，导致许多公司破产。

"仅用了 3 年的时间，优步就成了一家让人肃然起敬的企业。 同样，一家老牌公司也可能以同样的速度崩溃和解体。 诺基亚，这个曾经毋庸置疑的尖端企业，就是一个铁证。 一个首席执行官，再也不能奢侈地浪费时间，盲目地过高枕无忧的日子了。 从这个角度考虑，如今，恰当地评估领导和管理的质量，是极为关键的。"

——弗朗斯·范豪滕(Frans van Houten)，皇家飞利浦首席执行官

从英雄到末路：诺基亚和柯达

以诺基亚和柯达的经验为鉴，有助于我们了解世界发生了怎样翻天覆地的变化。

诺基亚曾有过不凡的革新史，从木浆厂转型为橡胶制品生产商，再到个人电脑和手机生产商，但它最终却未能在新形势下采取果断行动。这家芬兰手机生产商，多年来一直是手机市场的领头羊，让竞争对手望尘莫及。2007 年，其销量创下了历史纪录，占据了 48.7％的市场份额。在"美好的往昔"，对全世界的学生族来说，能拥有一个经久耐用的诺基亚 3210 和 3310 手机，是莫大的荣耀。

诺基亚董事会也表示了他们继续创新的意愿，但遗憾的是，他们事实上并未"言行一致"。举个例子来说，他们迟迟没有调整和升级其塞班操作系统，因此无法使智能手机具备全功能属性，而其竞争对手却能够满足消费者的这个需求。芬兰人的这一失误，使谷歌和苹果占得先机，飞速超越了诺基亚这个曾经的手机霸主；诺基亚的市场份额在

2013 年跌至 3.1%。最终，微软收购了诺基亚，而诺基亚的变革历史也无疾而终。诺基亚的创新力度太小，而且没有与时俱进。一个知名品牌短短几年就走到了穷途末路。

柯达的故事大同小异。该公司是乔治·伊斯曼（George Eastman）和亨利·A.斯特朗（Henry A. Strong）于 1888 年创立的。棕色的柯达盒式相机引发了一场摄影革命，一直是专业摄影师的殿堂。到了 20 世纪初，人人都可能享受过柯达的产品，用柯达相机和胶卷记录"柯达时刻"。虽然柯达是最早采用数码摄影技术的公司之一，并在这一新领域拥有许多专利，但遗憾的是，柯达无法适应 21 世纪这个瞬息万变的时代，最终陷入了与诺基亚同样的困境。

由于缺乏创新能力，两个备受推崇的品牌失去了声望和市场地位①。

敏捷性

你可能会想，技术和其他方面的飞速变革，实际上并不是普遍现象，我起初也是这么想的。的确，一方面，苹果、谷歌、百度和美团点评这些名企确实处于变革的风口浪尖；而另一方面，在大大小小的企业构成的平凡世界里，那些已在工作中采用敏捷模式的品牌，则还是像以前一样艰难地跋涉着。请大家听我一个建议，去看看 C. C. P·格雷（C. C. P. Grey）制作的一段视频，名为"人类的劳动还有价值吗？"②。

---

① 维持性创新，属于传统性的创新，能维持企业的基本现状。维持性创新引入新的性能，使产品或服务保持"最先进"。在这类创新上，公司往往会投入巨额的资本。然而，这些旧瓶装新酒的产品或服务，是不能与消费者喜闻乐见的新产品——颠覆性创新——相提并论的。

② 人们的劳动力还有价值吗？ YouTube 网站：https：//www. YouTube. com/watch? v＝7Pq-S557XQU. 也可访问 https://slate. com/business/2014/08/humans-need-not-apply-watch-a-dark-video-on-automation-and-human-work. html.

这部短片清晰而简洁地展示了数字化、自动化和变革速度对企业产生的全面而巨大的影响。看了之后,你可能会同意我的观点,即在这个瞬息万变的世界,唯一永恒的就是急速的变化和不确定性。在未来,战略地适应环境必定成为重中之重,而敏捷性则是先决条件。

在我看来,"敏捷性"最恰当的定义,是迅速、柔韧并不停地行动。它由两个相辅相成的关键部分组成:第一,它指的是企业在遇到"空白"市场机会时,积极主动地应对的灵活性和机敏性①;第二,它指的是企业在应对市场与日俱增的动荡和始料未及的巨变时所拥有的弹性。

敏捷人才

简言之,"敏捷人才"是指渴望学习并热衷于创新的专业人士,他们有能力从内部对公司进行重塑。

我所谓的敏捷人才,主要是指那些能够快速有效地适应不断变化的背景或环境的人才。如果将这一思想与前面描述的两个敏捷性要素相结合,就得出了一个多维度的概念。拥有敏捷天赋的人,乐于并且能够从自己的经历中总结规律,而他们之所以能做到这一点,原因之一是他们具有另一个特质,即强大的学习能力。学习能力涵盖摈弃已学到的旧方法和旧习惯的能力。敏捷人才有弹性,能适应,擅长将所学到的东西转化为新方法和实际行动。能够把新知识用于实践,这绝对是一

---

① "空白管理"曾经被定义为"没有规则、没有像样的计划、没有市场预测、不预测用途、不自以为是地指点用户去规避某些行为。避免事前指手画脚,以防影响能力的发挥,或导致锲而不舍地追求预设好的结论。其实不然,它实际上是指增补、增补、再增补,并全力以赴让市场繁荣。允许尽一切努力保持增长。千方百计提供资源——不事先判定什么方法好或最好。做事后跟踪。方法不好,就停止提供资源;方法得力,就继续采用"。据亚当·哈顿(Adam Hartung)说,这种心态让开发脸书的年轻人占尽先机,连 MySpace(一度享有社交媒体霸主地位的网站)的那些受过 MBA 教育的专业管理者也望尘莫及。HARTUNG A. How facebook beat Myspace[EB/OL]. (2011-01-14)[2019-12-16]. http://www.forbes.com/sites/adamhartung/2011/01/14/why-facebook-beat-myspace/#3ee450d1147e.

种天赋。要想在创新的路上一马当先,关键(但不唯一)的法门,是利用那些符合未来要求的人才,或者说敏捷人才。

大多数从商的人,可能都会意识到周围正在发生颠覆性的转变,但并不是所有人都会针对自己了解的情况采取相应的措施。常识并不总是能与常规做法画等号。纸上谈兵易,实施变革难。要改掉已知的工作方式和旧习惯,是很不容易的。

然而,如果企业想要生存,就必须愿意并且能够不断改造和重塑自己。企业可以采取措施,鼓励创新,推动变革,比如可以营造有利于创新的公司文化,提供容许试错的环境,等等。众所周知,犯错误是学习的最佳途径。

创新并不意味着要凭自己的本事从头到尾把轮子重新发明一次。不要拘泥于自己的小圈子,留心观察其他领域或其他商业部门让人震撼的发明是非常重要的,可能会给你创新的灵感。

去哪里寻找这样让人震撼的发明呢?

自然界的适应能力

创新专家伊尔瓦·波尔曼(Ylva Poelman)在其著作《自然的发明》(*Nature's Invention*)[①]中指出,事实上,大自然是创新和智慧适应的最佳典范。这本书传达了一个简单的信息:38亿年来,大自然以自然选择为指导原则,演化出一套无与伦比的创新体系。由于这种创新能力,生物才能够适应环境,自然才不会因为环境的变化——火山爆发、冰河时代、大规模火灾、飓风或物种入侵——而被毁灭。生物不断地变化,以适应被破坏的环境。一切都会改变,这是世上唯一的常量。

伊尔瓦·波尔曼列举了许多自然激发人类创新的例子,包括:

---

① 目前只有荷兰语版本。

——注射用无痛针头,灵感来自一种特殊的蚊子。

——可用于互联网流量的优化算法。

——车头符合空气动力学原理的高速列车,灵感来自翠鸟。

——敏感度极高的传感器,灵感来自昆虫的感觉器官。

——模仿荷叶自清洁原理的防污涂料和涂层。

——具有鲨鱼皮特征和效率的飞机和船舶。

这些例子说明,自然技术与人类技术具有相似性。昆虫感官的灵敏度,比我们设计和使用的传感器效率高很多倍。同样,蚂蚁、蜜蜂和其他简单生物,都善于找出通向目标的捷径,或最佳的劳动分工模式。只要我们真的想创新,一定能从大自然中找到相应的灵感。受大自然启发而发明的优化算法,在应对可预测的情况时,可能会稍微逊色一点,但在应对不可预测和多变的情况时,却从没让我们失望过。

用达尔文的话说,不是强者生存,而是适者生存。同样的道理:在瞬息万变的世界中,企业必须保持敏捷,才真正有机会生存和繁荣。

在访问中国时,我发现了 3 家公司,在这个变化无常的世界中蒸蒸日上:杭州的浙江吉利控股集团(ZGH)、上海的复星国际和北京的北京银行。北京银行的战略将在下一章讨论,这里讲讲我的复星和吉利之旅。

复星国际有限公司

复星国际有限公司是一家中国本土的全球性企业集团和投资公司。该公司成立于 1992 年,相对年轻,但被认为是中国最大的私营企业之一。其庞大的全球集团囊括了资本管理、投资、工业运营和保险等业务,每个部门还有各类子公司。其房地产部门不仅被列为中国最大的基础设施公司之一,而且还在全球开设了办事处。然而,提到该公司,欧洲、加拿大和美国人士想到的,可能是其最近收购的法国休闲公司地中海俱乐部（Club Med）、法国现存最古老的时装设计师浪凡（Lanvin）、加拿大娱乐集团太阳马戏团，或英国足球俱乐部伍尔弗汉普顿流浪者足球俱乐部（绰号：狼队）（Wolverhampton Wanders）。

在位于外滩金融中心对面黄金位置的复星总部，我们会见了首席发展官（前集团首席财务官）兼执行董事王灿（生于1979年）及副首席财务官吴大卫，讨论了中国的飞速发展，以及日益增长的对未来人才敏捷性及适应能力的需求。这家成功的民营企业甄选未来顶尖人才的关键标准是什么？在工作方式上与世界其他地方的公司有什么不同？

王灿解释说，整个中国都处在飞速变化的阶段。在很长一段时间里，中国经济以平均8%的速度增长，快得惊人，还同时实现了现代化。"我40年前出生在一个小城市。那时候，来上海要花8～10个小时。如今，随着高铁的贯通，要不了多少时间就可以到上海。"7年前，王灿加盟复星公司时，复星的层级是比较复杂的。最高管理层与工作层之间至少有20个级别。因此，那时的管理信息不太可靠，使管理决策受到了不良影响。王灿加入复星后不久，就建议公司董事长提高复星的效率，让管理信息更可靠。要做到这一点，靠简单地减少现有的管理层是不够的，还必须使用技术手段。通过使用一个特别开发的应用程序"钉钉"，管理层可以直接接触各个项目组并获得可靠的管理信息。王灿解释道："以前，直接向经理们汇报的人，最多只能有13个左右。使用类似微信或WhatsApp等简单的新技术后，管辖范围可以大幅度增加。目前，有100多名首席财务官和财务经理直接向我汇报。这样做的好处是经理能够真正了解下属，并且能与下属打成一片。

一个经理只管辖 13 个直接下属的模式一去不复返了,现在就算是管理 130 个直接下属也不稀奇。只要使用新技术,就能做到这一点。"如果无人应答,应用程序"钉钉"就会不停地响。这特别适合王灿。他给人的感觉是既随和又严厉,要求下属不断地进步。王灿是如何做到这一点的?他的个人背景是什么样的?

王灿坚信,在招聘人才时,需谨记能力和素质是可以培养的,但欲求、意愿或进取心是不能培养的。"招聘人才时,最好是根据候选人的人品及(主要社会)动机,择优录用。"同时,他不仅热衷于培训自己的员工,而且强烈地感到自己也需要培训。他在工作中喜欢自找麻烦。从学校毕业后,王灿成了一名计算机程序员。后来,他到一家软件公司担任财务总监,之后又决定加盟普华永道,担任初级助理。很多人可能会认为这是一种退步,因为加入普华永道,意味着他得放弃很多特别待遇,包括私人司机和秘书,但王灿坚信,这样做有利于他的个人发展。他觉得有必要重塑自己。他还意识到,如果领导者改变自己,就会自然而然地带动他人去谋求改变。今天的复星公司,企业结构更加扁平,沟通也更加快捷高效。而王灿不仅想成为重塑自身的榜样,他还有其他想法。"我们最近打造了一个首席财务官校园行活动,以培养年轻人才。但是,校园行的培养核心不是财务知识。我们的目的不是做更多的财会培训,而是要开发深层次的项目,帮助年轻人了解自己,使他们成为更开明的领导者。我们的宗旨是激发人们的创造力和勇气,让人们学会如何改变自己,学会如何适应企业及企业内部的工作人员。这比成为某个领域的专家更为重要。是的,专家的名头会让人觉得自己很了不起,但在明天的世界里,这些好听的字眼对人毫无用处。"很显然,王灿认为人是革新的引擎。

"复星之所以成功,是由于它拥有目光远大的创始人和积极进取的员工,此外,员工们还具有学习敏捷性、适应性、激情和好奇心。作为一个领导者,对新事物保持好奇心是至关重要的。不论在人力资本方面还是在其他方面,都要有好奇心。人最大的错误是自以为是。即使成功了,也不要以为自己什么都知道。我的职位是首席财务官,对我来讲,这几个字母代表首席价值官。要创造合适的环境,让自己和公司员工都能成长和进步,并且充满对新事物的期待和渴望!"

因此,王灿建议管理者不要让自己被那些一味崇拜领导而不能实事求是提供反馈意见的人包围(即不要做那种"一言堂"类型的管理者)。要做到这一点,最好的办法之一是聘用和自己不同的人。"我不喜欢克隆自己,也不喜欢以自己为模板聘用员工。如果这样做,就无法学习新的东西,就无法迅速地进步。简言之,我对未来人才的建议是,他们永远不应该为自己设限,想做什么都可以。因此,在职业生涯的早期,一定要弄清楚自己到底想要做什么。"王灿年轻时喜欢尝试新事物。他是由祖母抚养长大的。祖母教导他,有志者事竟成。因此,王灿从小就志向远大,精力充沛,不辞辛劳。他在公司里的绰号是7-11,说明他平均工作时间很长。从他的副首席财务官吴大卫可以看出,王灿确实不愿意克隆自己。吴大卫出生在中国,但在伦敦长大。当他想回中国时,许多中国公司因为他的中文不流利都不肯聘用他。但王灿看到了互补性,决定雇用他。"我喜欢大卫,因为他一点也不像我。"

吴大卫为普华永道、罗斯柴尔德(Rothschild)等西方公司工作过,对他来说,复星和其他中国领先企业的变革速度令人惊叹。"复星比我工作过的其他欧洲公司进步快得多。它的沟通速度和扁平架构是无与伦比的。它可以与欧洲公司抗衡,或者说,欧洲公司要向复星学习。"王灿认同这个观点。但他认为,这也与中国发生的三级跳式的发展有关。"中国的跳跃式发展,容许我们跳得更快。中国人用手机,都是从智能手机开始的。可以说他们跳过了中间两个层次,直接从一个低水平的制造业国家,成为人工智能领域的新秀。支付方式也是这样。从现金到微信支付,中间没有经过信用卡、支票的过渡阶段。现在人人都用手机付费。"

尽管和大多数西方国家一样,中国也存在人口老龄化的问题,但王灿和吴大卫说,复星的劳动力平均年龄并不大。"他们多半非常渴望学习,并且在学习方法上极为敏捷。他们中的许多人是在中国出生,在西方国家长大的。有些人会说 2 种语言,有些会说 3 种,能够轻松地适应东西方两个世界的文化。年轻的时候,他们无法担任重要的管理工作。现在他们正值 35～40 岁的年纪,是在复星这样的公司中的管理职位上大显身手的好时候。举例来说,他们有 15 年的华尔街(纽约)工作经验,但出生在中国,20 岁前一直在中国生活。因此,他们中西方语言和文化合璧,不论在中国或西方,从事当地的管理工作,都游刃有余。"

浙江吉利控股集团(ZGH)

浙江吉利控股集团是全球性汽车集团,总部位于中国杭州。吉利成立于 1986 年,历史虽不悠久,却由许多全球知名汽车公司组成,如吉利汽车、莲花汽车、沃尔沃汽车、伦敦电动车公司等。吉利的总资产超过 3 440 亿元人民币(486 亿美元),在全球拥有约

12万名员工,致力于成为以生产安全、环保和节能汽车而闻名的全球十大汽车集团之一。对于这家20世纪80年代中期始创的专门生产冰箱的公司来说,这一目标似乎过于雄心勃勃,但这符合其重塑自身以实现更为宏伟的目标的战略:吉利在1992年转型生产摩托车和零部件,1997年进入汽车行业。我渴望参观吉利,看看这家经典的敏捷公司的实际运作情况。

集团执行副总裁、首席财务官兼董事李东辉,对我来他杭州的办公室表示非常欢迎。在一次坦诚的谈话中,我们探讨了中国当代和未来的领导力、敏捷工作和招聘方式、新的人才选拔标准,以及这家民营企业的成功秘诀。我很想向这位友好的高级经理了解,中国企业是如何适应和处理全球快速变化的挑战的。他对自己公司和国家的成就感到自豪,但丝毫没有傲慢自大的痕迹。

李东辉解释道:"中国的商业发展通常很快。中国人习惯于快速做决定。我们今天选择了一个方向,但一旦发现情况有变,我们随时可能改弦易辙。我们或许不会像你那样,把这种特点称为'敏捷工作',但这大致就是吉利的运作方式。事实上,从我们公司的正常运营方式上,基本可以了解企业在中国是如何开展业务的。实际上,我们在世界各地的许多子公司,在加入吉利大家庭后,都要适应中国人这种随机应变地调整计划和策略的模式——我们就称之为'敏捷'吧!

一开始,他们觉得无法适应我们的速度和执行标准。比如沃尔沃:在收购之前,沃尔沃已经是一家大公司了,有深厚的技术知识和扎实的管理方法,但也有以前业主遗留下来的问题。后来,他们意识到,加盟吉利,使他们有机会开拓业务,包括生产电动汽车,以迎合中国的绿色能源战略。

　　我们肯定会优先考虑速度，但我们是不间断地小步前进，而不是想一口吃成个胖子。我们的战略是适应、调整和改进。中国有句谚语：欲速则不达。在小步前进的过程中，我们与子公司和员工建立了相互的信任和理解，到头来我们一点也不慢。速度、灵活性和执行力是吉利 DNA 的组成部分。"

　　虽然在西方国家，有些人仍然将中国与廉价劳动力和山寨生产技术画等号，但我最近访问这个国家时，看到了完全不同的画风：世界级的城市里，有尖端的精品店，销售原创产品和全球奢侈品牌——这里没有廉价和仿制的产品！我看到的另一点，是中国企业收购西方企业，不是为了复制别人的技术，相反，他们带来了技术专长，也带来了适应性思维方式、紧迫感和雷厉风行的作风。

　　这是因为公司内部自上而下的管理模式吗？李东辉解释说："中国的领导方式通常是自上而下的。不过，在吉利，我们既有自上而下的管理，也有适当的自下而上的机动性。虽然是老总负责总体战略方向和总体目标，但我们也有相当民主的业务讨论和决策环境。因此，我们自上而下的管理方法，是鼓励特殊情况特殊对待的，它不像外人想象的那么僵化。

　　我个人的管理风格也是如此。在中国，大多数 CEO 都是强势的领导。确实，要想成功——在一定程度上——他们必须强势。我自己可能看起来并不强势，因为我一般比较友好谦和，但在做商业决策时，我还是很强势的。这并不等于说我很粗鲁，或不关心下属的感受。2008 年全球金融危机，我正好是这个时候从之前的公司调到吉利，有些人根据我的表现认为我可能太软弱了。这是人们对我的第一印象，但这个印象并不正确。

　　有一次，我必须在一个月内裁掉 300 人。尽管这个措施很极端,但还是有条不紊地实施了,没有引起罢工和混乱。在我看来,这是因为我和员工的关系很融洽。我举个例子。1999 年,我是一家小型零部件公司的总经理。虽然我在最高管理职位上,但我总是去车间看望工人。我和他们交谈,和他们共进午餐,并且在他们加夜班期间也去看望他们,冬天也不例外。看望他们时,我了解到暖气不够热。我向他们表示了慰问,并在一段很紧张的时期,投入了 100 万美元改善条件。但我并不觉得自己有多了不起。我认为这种胸怀和魄力是很多中国管理者都具备的典型特征。

所以说,中国的企业领导者通常很强硬,但这并不意味着他们很冷漠。我非常关心我的员工,但同时,我把工作放在首位。吉利内部的管理文化也是如此。从老总和高级管理层自上而下地进行管理,但在员工问题和员工推荐方面,又有自下而上的灵敏度。回应员工的疑问及注重协同工作,两者可以是一个统一体。"

吉利的历史不长,但是无论过去还是现在,对员工的培养都是吉利成功的关键。李东辉认为,在当今瞬息万变的世界里,必须经常对员工进行培训,增强他们的能力,确保他们与时俱进。他还认为,公司应该培养各种各样的员工,不能只挑选潜力高的员工加以培养。"很多公司只选为公司效力久的明星员工加以培训。而我们培训和提升所有员工的水平,不论他们为吉利工作的时间长短。"

吉利高层对未来的人才有什么要求?李东辉对选拔标准了如指掌:"首先,我们的员工需要有自我调整和学习的能力和意愿。自我调整的能力和学习敏捷性是相互联系的。只有具备良好的学习能力才能进行自我调整。智商、情商和社交能力盘根错节。即便你很聪明，但假如不愿意适应环境，也无济于事。除此之外，良好的业绩以及执行力非常关键。如果你适应能力强，学习敏捷性也好，却不曾有过良好的业绩，我还是会有疑虑。我要平衡各种因素。我觉得权衡事物的能力很重要，这或许与我的金融业背景有关。"

* * *

来自世界各地的例子表明，敏捷公司的成功主要归功于有弹性和敏捷的人才。接下来，我将介绍如何识别和招聘这种人才。我进行了深入的研究，并多次采访首席执行官、人力资源经理和招聘领域的其他专家，才总结出这套方法。从本书中，你可以学会如何识别和招聘有才能、会与你同舟共济的人才，确保你的公司未来更安全、更敏捷。

延伸阅读

专著

- Erik Brynjolfsson & Andrew McAfee (2014). *The Second Machine Age. Work, Progress, and Prosperity in a Time of Brilliant* Technologies. W. W. Norton.

- Clayton M. Christensen (1997). *The Innovator's Dilemma. When New Technologies Cause Great Firms to Fail.* Harvard Business Review Press.

- Claudio Feser (2011). *Serial Innovators. Firms That Change the World.* Wiley.

- Lynda Gratton (2011). *The Shift. The Future of Work Is Already Here.* Collins.

- Salim Ismail，Michael S. Malone & Yuri van Geest（2014）. *Exponential Organizations*. Diversion Books.

论文

- Clayton M. Christensen，Michael E. Raynor & Rory McDonald（December 2015）. "What Is Disruptive Innovation?" *Harvard Business Review*. https://hbr. org/2015/12/what-is-disruptive-innovation.

第一部分

高速发展和
错误的选择

"未来选择人才，关注的不再是一个人是否具备某项技能，而是一个人是否有能力理解和解决明天、下周乃至明年的困境。"

本书的这一部分，着重讨论全球发展对企业的影响。在讨论了初创企业应对变革的方式后，我们将关注中西方大型企业的变革能力。从这些企业的案例研究中，我们能学到些什么？它们如何构建自己的企业？它们如何甄选人才，以便延长"保质期"？就业市场会有什么走势？就业市场的变化将如何影响我们的人才选择标准？

第 1 章

巨型油轮应对变化的能力

"失败不会致人死命，不谋求变化则可能致人死命。"

——约翰·伍德（John Wooden），教练

2013 年，两位牛津大学教授发表了自己的研究结果，在西方引起了轩然大波，激发了我的好奇心。根据《就业前景：计算机化如何影响工作?》[①]的预测，在未来 10～20 年，美国约一半的工作岗位可能被数字设备所取代。而且，被取代的不仅仅是低技能的工作。随着人工智能、大数据分析、复杂算法等技术的进步，医学、法律和艺术，以及在其他一些人们原以为可以高枕无忧的领域，也将有工作人员被自动化所取代。

鉴于这项研究及其引发的争议，[②]我细致深入地研究了数字化对

---

① FREY C B, OSBORNE M A. The future of employment：how susceptible are jobs to computerisation? ［EB/OL］. （2013－09－17）［2019－12－05］. https：//www. oxfordmartin. ox. ac. uk/downloads/academical/The Future of Employment. pdf. 另见本章后面提到的麻省理工学院学者埃里克·布林约夫松（Erik Brynjolfsson）和安德鲁·麦卡菲（Andrew McAfee）的研究结果。他们的研究，佐证了弗雷和奥斯本的悲观预测.

② 弗雷（Frey）和奥斯本（Osborne）的论文，自 2013 年发表以来，就一直备受争议，但仍然受到学者们和媒体的关注。2017 年，技术服务公司 Fabernovel 的汤姆·莫里斯（Tom Morisse）进行了一项研究，目的是"调查 4 年的时间过去了，那些最受威胁的职业如今是什么状况。结果发现：它们安然无恙，没什么可担心的"。

公司和就业的影响。该研究在多大程度上反映了企业界的实际情况呢？我主要是以初创企业和科技公司为轴心，对技术变革的速度和鉴别敏捷人才的新标准进行了研究。但因柯达和诺基亚等老字号企业是新闻热点，我也特别想了解此类大型公司（这些公司庞大、笨重，很像巨型油轮），尤其是那些历史悠久、传统底蕴深厚的公司，是如何应对变革浪潮的。我很想采访几位新上任的首席执行官和首席运营官，了解他们将如何应对当前席卷各公司的数字风暴。我首先想到了不断推陈出新的皇家飞利浦公司。全球金融危机后，弗朗斯·范豪滕于 2011 年受命，担任该公司的首席执行官。20 世纪 90 年代初，因竞争激烈，特别是来自日本的竞争，皇家飞利浦经历了一场金融危机。这使该公司意识到，必须定期进行战略调整。无独有偶：21 世纪初，许多西方公司都不得不仔细审视自己的商业模式，并对其进行重新思考。

在绪论中，我总结了对两家中国尖端企业高管的采访：即浙江吉利控股集团的集团执行副总裁、首席财务官兼董事李东辉和复星国际有限公司的首席财务官兼执行董事王灿。我在北京时，还采访了另一家公司的高管：极富前瞻性的北京银行的副行长、董事会成员兼零售主管约翰·德威特（Johan de Wit）。

把我将要介绍的西方公司与这些轰动世界的创新中国公司加以对比，对中国读者来说，具有深远的意义。

飞利浦的新方向

皇家飞利浦的弗朗斯·范豪滕，在荷兰接受了我的采访。当时，该公司正在对其战略进行全面的重新思考。他对当时的局势了如指掌：世界的飞速发展要求公司调整方向。在交谈中，他讲述了这家从前的灯泡厂彻底改变其使命——甚至可以说是改变其本质——的经过。

"我们意识到,就飞利浦而言,纯粹基于产品的商业模式已经行不通了。我们现在认为,创新是整个体系(即"生态系统")的创新,而不是单个产品的革新。举例来说,假如利润来自针对特定产品的服务(例如大数据和广告),那么可以考虑免费赠送该产品。① 几年前,我们意识到,成就飞利浦伟业的、人所共知的旧商业模式(即销售标准化产品),实际上已经过时了,特别是对 B2B 而言。我们要从以产品为核心,(通过集成)转变为以系统为核心;从专注于生产,转型为面向客户。我们确实这么做了。例如,我们现在跟医院签订 10 年的合同,全面负责其技术及技术连带问题。这是完全不同的业务模型,需要不同的技能和完全两样的心态。这是从短期思维到长期思维的转变——从各自为政到相互协作的转变,诸如此类。"

除了皇家飞利浦以外,我想从许多西方人认为本质上保守且惰于变化的银行业内选一家企业,进行深入细致的研究。我很自然地将注意力投向了安智集团,它的总部位于荷兰,是一家跨国银行和金融服务公司。本书之所以选择讨论安智银行,是因为在 2005 年,安智集团与北京银行②成立了合资企业,安智收购了北京银行 19.9% 的股份。2015 年,安智集团(至少其荷兰分部的一大部分)采用了与西方传统的稳健银行观截然相反的工作模式:即**敏捷方法**。

下面将对这个近年来备受西方商界关注的项目管理方法(姑且用该词来指代弱化命令链的过程吧),做一个简要的背景介绍。如果你了解

---

① 这是一个当代版的"剃须刀和刀片"商业模式。该商业模式的出现,归功于美国商人金·坎普·吉列(King Camp Gillette)。据说他廉价出售剃须刀,这样人们就必须不断地购买公司生产的一次性安全刀片,当然,刀片是专门为这些剃须刀量身定制的。

② 北京银行股份有限公司成立于 1996 年,致力于为中国和荷兰的个人及企业客户提供各种银行产品和服务。北京银行有约 600 家分行,其中超过一半在北京以外的其他地区。截至 2017 年 12 月 31 日,荷兰国际集团(安智银行)拥有 13.03% 的股份。自 2005 年以来,在零售银行、风险管理、人力资源和公司治理等领域,荷兰国际集团和北京银行开展了密切的合作。2019 年 3 月,两家银行宣布,创建合资数字银行业务,北京银行持有该合资公司 49% 的股份,荷兰国际集团持有 51% 的股份。

西方的商业运作模式,那么对敏捷运动或敏捷方法①,可能已有所耳闻。

敏捷运动的出现,可以追溯到 2001 年 2 月 11 日至 13 日,在美国犹他州的一个滑雪胜地举行的软件开发人员 17 人会议。之后,许多重要的人物都为敏捷方法的完善做出了贡献。这 17 个人之所以会面,是因为他们有很多项目没有按时完成,预算严重超支,而他们要对此负责。但是他们知道,之所以有这些延误和超支,是因为公司强迫他们遵循了荒唐的项目管理方法造成的。

这些标准管理方法注重以下各种过程:

- 以个人表现为中心的过程(从而鼓励"筒仓"式思维习惯);
- 按序增长的过程(有时称为"瀑布"式增长)②;
- 鼓励稳扎稳打、步步为营的工作过程;
- 注重繁文缛节的过程。

瀑布管理系统适于管理制造业,但是它们对软件生产有阻碍作用,在这 17 个开发人员看来,软件生产需要更大的灵活性和团队合作。尽管在许多细节问题上,他们还有很多分歧,但是他们就基本操作框架达成了一致意见,并将其写入《敏捷软件开发宣言》。以下是该宣言中所支持的价值理念:

- 个体和互动高于流程和工具;
- 可用的软件高于详尽的文档;
- 与客户合作高于合同谈判;
- 响应变化高于遵循计划③。

---

① RIGBY D K, SUTHERLAND J, TAKEUCHI H. The secret history of agile innovation [EB/OL]. (2016 - 04 - 20)[2019 - 12 - 17]. https://hbr. org/2016/04/the-secret-history-of-agile-innovation.
② BOWES J. Agile vs waterfall: comparing project management methods[EB/OL]. (2014 - 07 - 17)[2019 - 12 - 17]. https://manifesto. co. uk/agile-vs-waterfall-comparing-project-management-methodologies/.
③ 宣言和敏捷软件的 12 条原则,可从以下网站获得: http://agilemanifesto. org/。迄今为止,只有上面提到的价值理念有中文翻译。

没过几年，一些公司就意识到，这个帮助其 IT 部门大大提高了生产力的新颖的敏捷方法，用到其他部门也可能是行之有效的。毕竟，整个公司都面临着数字革命带来的动荡。荷兰安智是最早采用该管理方法的企业之一，志在使安智这艘巨型油轮以快艇般的敏捷性驰骋商界。

为了了解荷兰安智的整个转型过程，我采访了其首席执行官拉尔夫·哈默斯（Ralph Hamers），前荷兰安智首席执行官、现德国安智首席执行官尼克·朱（Nick Jue），及荷兰、比利时和卢森堡（荷比卢联盟）人力资源总监马丁·范贝克（Maarten van Beek）。在北京银行北京总部，我还采访了我的同胞、北京银行副行长约翰·德威特，作为一个西方人，他既有中国银行又有欧洲银行的从业经验，我想听听他的见解。

管理领域的愿景

尽管荷兰安智在 2008 年的金融危机中并未遭受严重打击（事实上，公司经过危机的洗礼，变得更强大了），但高级管理层还是清醒地意识到，企业不能满足于以往的成就。技术的变化时时都在影响其金融服务公司，因此，故步自封是行不通的。他们知道自己必须时刻准备迎接新的挑战——如微信、脸书和苹果手机等出人意料地发起的手机支付功能，对银行业就是一个挑战（实际上，中国已成为一个无现金的社会，街角的小店都可以扫描手机二维码付款）。

拉尔夫·哈默斯这样概括安智的管理愿景：

"随着互联网影响的逐步加深，信息的分享变得越发迅捷了。同样由于互联网的作用，市场的新进入者也能够吸引大量的潜在客户。市场访问权不再是某个特定领域内部的专利，加之与以往相比，人们更加频繁而且轻而易举即可复制某些技术，导致市场边界变得模糊了。此外，消费者比从前更加直言不讳，要求更高，对品牌的忠诚度更低。想要让客户满意,并把竞争对手甩在后头,就必须具备速度和敏捷性。"

作为北京银行副行长,约翰·德威特认为,中国正难以置信地以高铁般的速度奔向未来。下面是他的观点。

- 几年前,前十大公司被制药、石油和天然气,以及银行和保险公司所垄断,但现在,前六大公司中有五家是大型技术公司。在这些笼罩着金色光环的公司中,只有大众汽车一家属于制造业。在变革过程中,步履维艰的不只是制造业。在金融领域,如果不采取任何行动,银行的股本回报率也可能会大幅下降。

- 金融领域极易受变革的影响:"从许多方面来说,就像煤矿中的金丝雀能让矿工们预知危险一样,在数字时代,金融业可作为预测经济吉凶的征兆。"他介绍了弗雷斯特研究公司的研究结果:"传统的银行模式正在解体,被一个开放的模式所取代。开放模式嘉奖那些迎合客户期待和行为特点的银行,而传统模式下,银行则漠视客户的需求;金融科技市场(稍后讨论)目前造成的动荡比较轻微,但会逐步增强;新的规章制度将进一步开放市场并侵蚀银行的固有实力。银行必须战略性地应对这个新情况,才能在竞争中取胜——否则,它们很可能会不知不觉地变成金融公共事业部门。"

- 中国的银行业正在经历一场"完美风暴",形势不容乐观:政府针对该行业的规章制度会越来越收紧;金融领域以外的科技公司(例如腾讯)带来的竞争正在蚕食客户群,从而蚕食企业利润。

- 很明显,大型科技企业正在逐步霸占传统零售银行业。老一辈人虽仍然依赖银行,可是年轻一代已经投到微信和支付宝门下,因为他们只需要银行服务,但不需要银行。两者之间的一代,面对自己年轻时所认同的银行,忠诚度摇摆不定。

约翰·德威特说北京银行采取了两项意义深远的"开放模式"战略。

(1) 为了响应国家鼓励创新的战略,北京银行在中国"硅谷"中关村为初创企业设立了"创客中心"。创客中心是一个技术创业孵化器,创业者在轻松的氛围中分享经验,共同学习。北京银行在中关村设立的创客中心,是全国第一家。该中心为创业团队提供各种服务,包括导师指导、资金和担保方等。创客中心约有 18 000 名会员,其中包括 270个私募股权风险投资方。对银行来说,初创企业是风险较大的贷款对象,银行往往不愿为其提供贷款。但创客中心这个初创孵化器能实现双赢,有助于银行识别哪些风险值得承担。截至目前,有 2 960 家创客中心会员企业,得到了北京银行共 984 亿元的贷款支持;有 242 家会员企业在新三板挂牌,其中,26 家已经上市。

(2) 在与安智银行的一个合作项目中,北京银行积极尝试实行敏捷策略。在我撰写本书时,北京银行总部的几个员工,正在参与一个敏捷"SCRUM"活动。[①]北京银行正在学习其合作伙伴(安智银行)的经验,以全面实施敏捷方法。

SCRUM 敏捷方法要想成功,需具备下列条件。

- 团队成员应该来自多个部门,为各自领域的专家,要乐于分享专业知识带来的益处。

---

① SCRUM 可算是一种最流行的敏捷方法。它借用了橄榄球运动的术语和技巧,"团队由 3～9 名程序员及其他领域的人员组成,他们把任务拆分成可在限时迭代中完成的动作——称为冲刺(小于等于 30 天,通常为 2 周),然后跟踪进度,并在 15 分钟的站会(称为'每日 scrums')上,对任务进行重新规划。大型企业内部多个 Scrum 团队的工作,可通过大规模 Scrum(LeSS),规模化敏捷框架(SAFe),scrum of scrums 和 Scrum @ Scale 等方法,进行协调"。(见维基百科 Scrum 词条。)

● 作为个人,成员们需要保持开放的心态——求同,甚至求妥协。目光短浅的"筒仓"思维——"不听我的就免谈",这种非此即彼的做法是行不通的。

● 必须给团队决策权(那些固守传统的自上而下决策方法的人,可能难以接受这一点)。

SCRUM参与者需要富有团队精神,并渴望学习新事物(以便能够代替同事)。他们还必须具备良好的沟通技巧,能够适应SCRUM管理规则,向下级授权。

此外,约翰·德威特强调必须弘扬正确的企业文化。管理者必须奖励敢于进行试验的人,就算试验结果差强人意,也要给予奖励。公司必须从错误中吸取教训,因为错误可以提供有价值的信息。

金融科技的影响

荷兰安智的哈默斯及其团队还注意到另一个新动向——金融科技(它与荷兰安智客户优先及优质、迅速、充分响应客户需求的理念不谋而合),他们相信在未来的若干年里,金融科技将带来金融业的革命。

"到2020年,20%以上的金融服务业务将受到金融科技的威胁。 在不远的将来,商业银行和支付业务将面临最大的风险。"

——普华永道,《2016年全球金融科技报告》

英文的"金融科技"(FinTech)一词,是"金融"和"技术"两个英文单词的词首合并而成的。从事金融科技的企业通常规模较小,灵活度高。它们的关注点是某个领域的利基市场。"金融科技"指通过提供创新性的产品和服务,造成金融界永久性变革的那些业务。金融科技企业可以针对所有金融服务做文章。比如,支付工具、公司信贷额度或公司信贷许可,等等。普华永道在 2016 年发布的一份全球报告①中指出,这些金融科技企业将从根本上重新定义金融业。将来,银行只能充当**价值整合**的角色。用外行的话来说,是指银行内部可设计开发某些应用或职能,但必须由第三方加以补充,如提供软件。这样做的目的主要是为客户提供最佳的服务平台。

类似的变化趋势不只出现在银行业。前面我们深入探讨了交通手段共享所引起的巨大变化,就是一个例子。出租车公司优步,也是运输业中引领变革的企业之一。该公司自行开发了一些软件,但要利用许多其他公司的产品对内部技术加以补充。

> 北京银行的约翰·德威特指出:"与第三方合作——建立合作伙伴和销售商生态系统——是新的银行业务核心。"例如,北京银行与腾讯、阿里巴巴、京东、小米等合作,为银行开拓业务渠道。他强调说:"对于合作伙伴和业务模型,必须保持开放的心态。"他还建议那些采用敏捷方法的公司,利用开源软件等现有资源,快速增强数字能力,进而根据特定需求对这些资源进行改造。

---

① PWC. Global fintech report. Blurred lines: how fintech is shaping financial services[EB/OL]. (2016-03-10)[2019-12-20]. http://www.pwc.com.au/pdf/pwc-fintech-global-report-2016.pdf.

携手共进

许多企业还在等待观望，期待一切变革都成为过眼云烟。但是，安智的董事长及其团队决心激流勇进，他们想做弄潮者，引领世界的变化。金融科技激励他们去寻找机会，与其他公司合作，以免走入死胡同，自身难保。哈默斯和他的高级管理人员显然领会了那句人所共知的格言的深意，即"有效的进攻是最好的防守"。

目前，安智董事会面临着在公司内部完成文化转型，以及在新的愿景指引下向前发展的艰巨任务。他们必须创造条件，使公司形成对核心性变革的适应性及响应能力。

"摆在我们面前的问题是，未来的银行应该关注什么？我们的回答是，我们将致力于提供与众不同的客户体验。 一言以蔽之，这就是我们关注的焦点。 我们的首要任务是： 弄清楚应该如何更好地服务客户。 究竟怎么做，要视具体情况而定。 在制定策略时，我们不断拷问自己： 是要做铁轨，还是要做沿铁轨行驶的火车？ 铁轨是在册的产品，而火车是客户的体验。 毫无疑问，我们应该坚定不移地选择后者。"

——拉尔夫·哈默斯，安智集团首席执行官

"要打造未来银行，需要什么样的机构和人员呢？ 你

是否有合适的人选，积极应对这个动荡的局面？ 这些都是重要的战略性问题，因为所有的失败都与人有关。 请看看下面这些预测。

• 在接下来的几十年中，近 50% 的工作将消失，包括法律（公证人和律师）、医学以及银行业中的高端职业。

• 瑞银预测 10 年内 30% 的工作将实现自动化。

• 为了与业界伙伴看齐，德意志银行董事长最近暗示要裁员 50%。

• 2010 年，花旗银行的交易团队有 140 名员工，现在，只要 4 名算法交易员就能承担该工作。

形势虽然不容乐观，但还是有很多人不愿意放弃现有的知识窠臼和熟知的工作方式。 要做到敏捷，必须具备学习新知识的能力，摈弃旧知识的能力，以及因地制宜的本领。

勇于区分我们在哪里创造了价值，在哪里起了破坏作用，并能百尺竿头更进一步，这样的人才是我们所需要的。"

——约翰·德威特，北京银行副行长

反思和向他人学习

安智提出了一个新的战略，名为 RIO。RIO 是 *redesign into omnichannel*（回归全渠道设计）的缩略形式。对安智来说，这无异于宣称银行实际上是科技公司，类似于谷歌、亚马孙或爱彼迎。通过反省及考察非金融领域的企业实践（在本书后面，我还会讨论这一壮举），安智扩大了其学习视野，了解了世界各地其他类型的公司是如何在变化中求发展的。"让人们在生活和工作上领先一步"将成为 RIO 的座右铭。

遵守《敏捷宣言》

安智首先分析了非金融企业如何根据其价值观设计企业结构。然后,他们研究了这些企业如何建立和实现敏捷工作模式。事实上,所有这些企业都整合了《敏捷宣言》中概述的 4 个价值观和 12 个原则。安智发现这样做效果很好:采用这种敏捷方法的企业,能够对不断变化的客户需求和市场形势做出即时反应,因而从传统企业中脱颖而出。它们的一个主要特征,是能够迅速引入新的客户功能。安智将所有的敏捷原则提炼为以下几个目标。

——表现卓越,让顾客满意。

——管控管理层数目。

——非正式的公司文化,旨在轻松合作、沟通和专注于一个共同的目标(团队利益高于个人利益,因此,不可自大)。

——包括业务经理和 IT 员工在内的小型多功能团队——大家紧密合作。

——对数据进行细致分析后再做决策。换言之,所有因素都要考虑在内——不可仅凭直觉或抽象的规范开展工作。

——乐于进行短期、小规模的持续改进。为此,安智发明了一个词,叫**最小可行产品**(minimum viable products,MVPs)。他们会根据客户反馈,不断对该产品进行调整。

——简单第一! 简单至上。宁可使事情简化,不可让事情复杂。

半途而废:要不得

研究了其他公司如何整顿企业以适应敏捷方法(特别是 SCRUM)

之后,安智开始调查其现有的工作方法中,管理者和员工公认的瓶颈问题。在本次内部分析中,暴露出的一个主要问题是,一些员工喜欢在筒仓中工作,而不喜欢与其他部门通力协作。另一个问题是历史遗留的、自上而下的责任层级结构:有些人仍然对这种结构情有独钟。他们宁要层级结构,也不要由一个多功能团队负责整个决策链的敏捷模型。

当时,敏捷工作的原则对安智来说并不完全陌生——安智有几个部门已经实施了该工作方法——但不知何故,未在整个公司全面实施。《敏捷宣言》要求,一旦实施敏捷工作方法,则必须公司上下全面执行。"如果志在将企业转变成一个运作敏捷的组织,那么必须一贯制地实施《敏捷宣言》,严格坚持其原则,并形成端到端的负责机制。"一位安智高管解释说。"公司在这一点上经常犯错。它们会力图改变一个或多个业务部门,而不是将这些变化扩展到整个链条或企业。"这位高管继续说道。

"如果真的决心采用新式的、敏捷的工作方式,那么首先要想清楚,你能够做多少让步? 如果不愿意应用《敏捷宣言》的所有原则,并将端到端的责任,交给监督整个链条的多功能团队,那么你注定会以失败告终。"

安智对新工作方式要达到的目标,进行了简要概述。

——大幅度提高对客户的关注度。

——缩短上市时间:显著缩短新产品和服务的开发时间,以便及时应对客户需求的重大变化。

——少给团队和个人设置障碍，增加他们的行动和合作空间，增强他们的决策力。

——提高员工的积极性和热情，使其养成"自我启动"的习惯。

现在，安智人数减少了，但完成的任务更多了，从而降低了成本，提高了利润。较低的成本是附带的好处，并不是转型的目标。最大限度地提高服务水平，并减少完善客户服务所需的时间，比降低成本更重要。

敏捷的组织

一般来说，敏捷的组织是围绕小型的、跨职能的、自导向的团队（通常称为小分队）开展工作的。小分队成员不超过 9 个（见图 1.1）。每个小分队努力实现自己的团队目标。在这种结构中，不再有传统的部门。"创造性墓地"综合征也随之消失。"创造性墓地"指的是，一个部门所作的重大创新没有人问津，更不会被层级中的其他筒仓付诸实施。这个重大创新杂糅在一系列远大创举中，无声无息地被葬送了。

独立的跨职能的团队或小分队，全权负责所有与客户相关的任务（或项目）的开发和实施（即他们负端到端的责任）。这些项目可以是全新的产品或服务，也可以是其中的一部分内容，例如达到最佳的客户满意度，同时缩短抵押贷款的申请过程。安智是通过企业层级结构扁平化来实施该策略的：董事会制定具体的目标，将其交给团队执行。团队是在一个特定领域工作的小分队的集合，每个小分队都有各自的目标。比如，安智的一个目标，是打造一个叫作"WOW"的品牌。WOW取自 *we outperform*（your）*wishes* 的首字母，即"我们超额满足（你的）愿望"，是致力于提高客户关注度的产物。总的来说，敏捷公司要为自己设定一个特别"高远"目标，这通常是指一个志向远大的抱负及突破性的目标，不必与当前的产品或服务挂钩。

什么是小分队

小分队由来自不同背景的员工组成,例如 IT 专家、产品或品牌经理、市场营销人员和数据分析师。他们组合起来,攻克一个特定的想法或目标,这个任务通常要迅速完成并进入第一阶段测试。要了解他们工作的方式,最好是关注他们持续的团队表现和工作成果。安智的小分队必须每 3 周推出 1 个新的客户功能。他们还必须对这些新功能的效果进行评估。他们不必像过去那样没完没了地开会,而是冲刺式或周期性地完成数据驱动的短期工作,不断对产品进行测试,并迅速地调试应用成功的创新。小分队工作流程的一个关键特征是频繁但有针对性的沟通——而不是开程式化的会议。

"分层级的、容许不温不火的官僚主义盛行的传统企业,已经被更简单、灵活的企业所取代。 在新企业里,团队目标永远凌驾于个人目标之上。"

——马尔滕·范贝克（Maarten van Beek）,荷兰、比利时和卢森堡安智银行人力资源总监

团队内部、团队之间,以及不同团队内部的个人横向之间,都要进行沟通。小分队的高度自主权可能让人觉得他们是各自为政的,但事实上,他们是服务于公司整体目标的。小分队没有传统的管理者;取而代之的是,若干个任务在 3 个不同的角色(产品负责人、小组长和敏捷教练)间进行分配。在完成小分队的任务时,他们各自承担分内的工作。

小分队中的职责分配

产品负责人监督小分队每个成员的日常工作,还负责监控小分队的产品目标,并在必要时对任务加以调整。在敏捷工作中,产品目标是亟待处理的待完成任务清单,由产品负责人按重要性排好顺序。产品负责人、小组长和敏捷教练每周碰头一次,起草一份进度报告或进行俗称的"速度"评估,还要讨论小分队的表现。然后,小组长和敏捷教练按会议的精神安排自己的工作。

小组长是小分队里起务实作用的领导。(这种工作方式容不下传统的管理职位。)小分队的 7 名成员都由小组长管理。事实上,小组长除了完成作为分队成员的日常工作外,还负责某一专门知识领域,如相关的法律法规知识,或 IT 部某一特定方面的知识。他必须掌握该专业领域的前沿,并与团队其他成员分享这一知识。小组长向团队领导负责。

敏捷教练负责创建优秀的团队。即使一个团队表现出色,教练们还是要不断寻找提高团队表现的方法。从某种意义上说,可以把他们比作足球(或橄榄球)教练。虽说他们自己不编程,但他们对小分队的成果负有责任。他们先与产品负责人和小组长沟通,然后针对小分队要完成的任务,着手组建完美的团队。在弘扬公司新文化方面,他们起着关键的作用,他们要采取措施,防止人们回到以前的老路上去。因此,他们是确保公司从旧的工作方法成功转向新的工作方法的重要一环,是公司持续致力于采用新工作方式的基石。

新的工作模式容不下层级制度。多层级且有着温暾的官僚作风的

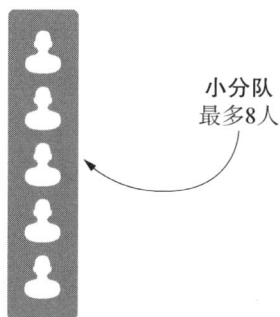

图 1.1　小分队的构成

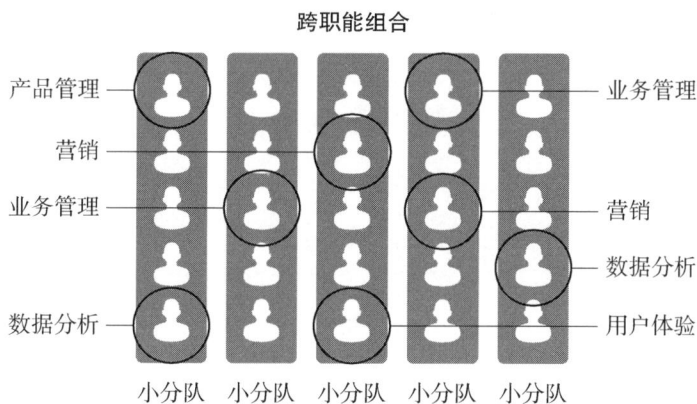

图 1.2　小分队为跨职能组合

传统企业不复存在,代之以一个更简单、更灵活的企业。在新型企业中,个人目标一定要服从于团队目标。

团队

　　员工分成了自治的独立小分队后,一个关键问题是如何把这些小分队纳入整合的公司框架中。毕竟,小分队组建的目的,是让它们独立运作和自我控制。这就需要发挥团队的作用了。目标相似的小分队合在一起,形成一个协调的整体,称为**团队**。

　　每个团队都有自己的使命。安智的团队包括按揭服务团队、投资与私人银行团队，以及体验全渠道团队。为了有效地协同工作，团队中的不同小分队需要定期相互协商，这是团队的操作规程。

遵从马尔科姆·格拉德威尔（Malcolm Gladwell）的"150 定律"①，安智的团队不超过 150 名成员。安智发现这样的团队规模确实有助于鼓励小分队之间的即兴互动。

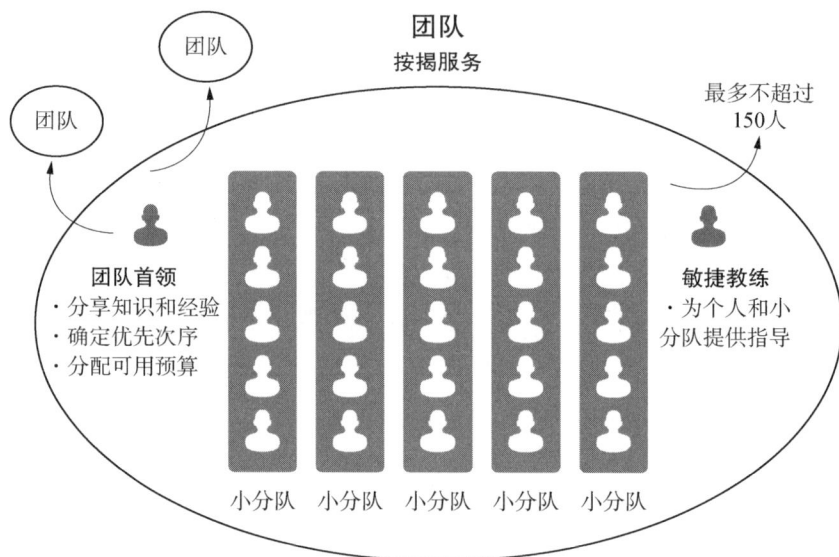

图 1.3　团队的例子

灵活、定制的服务

敏捷工作方式的最大优点是，即便像安智这样的大型跨国公司，利用该方法，也能够迅速灵活地应对形势的变化和客户的需求。例如，客户可以用一款新的免费应用程序，对安智的服务以及自己与安智员工的互动情况进行实时评论。客户只需勾选绿色、红色或中间色的头像，便可即时表达他们对服务的个人感受。银行再对这个数字化的反馈给

---

① 格拉德威尔在其著作《引爆点》中，引用了邓巴数字，指出人们最多只能与 150 人保持社会关系；如果人数超过 150，不论是共事或是保持联系，都非常困难。

予直接回应。如今的客户寻求迅捷、个性化的客户体验，安智集团的调查和盈亏底线结果证明，该互动方法能提高客户的忠诚度。

美国在线鞋类零售商的创新所催生的 Zappos 模式，给了安智极大的灵感，启发安智将传统的呼叫中心改建成最尖端的服务模式。现在，安智员工接到电话后，能够提供端到端的客户服务，客户的电话不用一再转接了。安智的员工可以自行决定如何更好地为客户服务，甚至提供超出客户期望的服务（符合银行的 WOW 目标——我们超额满足您的愿望）。这是安智集团从非金融企业中吸取宝贵经验的又一个例子。

不断地评估和调整

安智所代表的新工作方式有一个关键特征，即它不断演变的属性。新的工作模式和作风可能通过审查进而得以实施，但它们不是一成不变的。事事都要评估，严格进行检查，并根据结果进行相应的调整。某种做法今天行得通，并不意味着明天还能满足需求。企业进步的主要动力，是在变革的洪流中争先恐后，尽可能为客户提供最上乘、最快捷、最受欢迎和最个性化的服务。

在实施敏捷工作这一重大变革前，安智制作了一段名为"新工作方式"的视频，[①]让员工和供应商了解他们新的工作方式。虽说这段视频有点偏学术性，但它清晰地描绘了新的企业结构和人们应有的合作方法。

敏捷的选择

在实施敏捷工作的同时，安智集团改变了新员工的选拔制度——我

---

① 这部片子可以在 YouTube 上找到，片名为《荷兰安智集团的敏捷工作方式》（*Agile Way of Working at ING Netherlands*）。

对这一点特别感兴趣。按照敏捷的思路重组企业,这当然好,但是要真正"说到做到"(即言出必行地实施敏捷方法),则需要有一批别样的员工。

老派的人才选拔方法要求管理层级中的某位经理负责招聘新人。旨在选择敏捷人才的新招聘方法,要求选拔工作由同伴组成的委员会负责。安智在选择人才时,除了进行同伴选择之外,还积极从个性和文化特征方面对员工进行考察,而不是仅仅看其技能和经验。这个候选人是否与公司文化相匹配? 他/她的个性是否适合敏捷工作方式? 他/她的主要社会动机与企业的社会动机匹配程度如何? 除了针对这类问题的面试外,在选择过程中还要使用其他工具,包括 360 度反馈和特定的测试方法。对于团队领导职位来说,可能会采取针对动机需求的大五人格测试或 TAT 测试。最后,还要比较应聘者的个人目标与安智集团的公司目标是否匹配。

实际工作中的同伴选择

新的甄选过程,包括基于"四目原则"的双人面试,我将在第三步详细讨论这一点。简言之,就是由两个来自不同领域的人组成一个小组,对应聘某个特定职位的候选人进行面试。这意味着将由极为不同的人从不同的角度对候选人进行评估。面试结束后,还要对候选人进行校准或审核。这一过程的基本特征是,对候选人的最终评价,不是仅根据一项评估的结果得出的,候选人要经受一系列的面试和选拔工具的考验。为了保证客观性,面试官在选择过程中,不可向他人透露自己的看法和评估结果。所有的印象、发现和测试结果都在校准时汇集在一起。

这种选择人才的方法,对候选人的评价更贴切、更客观,能避免做出错误的选择,还能突显候选人之间的细微区别。按理来说,用人部门的经理,即新员工的顶头上司,拥有否决权,只要他能讲清楚自己不能(或不会)与候选人共事的理由,即可不接受新聘员工。但实际上,这种否决权很少行使。毕竟,新员工是由同伴选拔委员会经过全方位评估选出来的,不分青红皂白地拒收该人是欠考虑的。

说到做到

如今,安智一改往日沉闷的金融服务结构模式。进入安智总部,映入眼帘的,是宽阔的开放空间,摆放着长桌子、豆袋椅、时髦的椅子和沙发、苔藓墙,还有许多引人驻足的工作区。整个造型让人觉得这是一家高科技公司,而不是以前那个衣着老派的庞然大物了。玻璃会议室的名称,大都来自著名的敏捷商业领袖,比如史蒂夫·乔布斯、马克·扎克伯格和理查德·布兰森。再往里走,就会看到张贴有各种奇思妙想的巨大白板。墙壁上贴满了便签,有些便签上面写满了详细的计划,有些上面只写了一两个字。在走廊的尽头,是一个通风良好、现代化的员工自助餐厅。这个地方有点混乱,有人三五成群地坐在一起讨论工作,也有人站着聊天。游戏室里摆着台球桌和空气曲棍球用具,说明这里工作之余还有娱乐相伴。整个地方充满了活力。毫无疑问,创造力是这里的主旋律。

"进行适当的试错,可以确定哪些方法有效,哪些方法无效。 没有永久和终极的企业结构。 商业模式虽然是由构建块(比如团队和小分队)组成的,但它也不是一成不变的。 简言之,敏捷方法本身也需要具备敏捷性。"

——尼克·朱(Nick Jue),荷兰安智前首席执行官,德国安智现任首席执行官

抵触情绪

我也与员工们交流过，许多人表示对新工作方法持乐观态度，当然也有人公开表示，他们对这些新想法及其可行性持怀疑态度。这些批评人士有的来自竞争对手，有的是前合伙人，还有一些来自公司内部。

高级管理层并不为反对者所动。主要原因是新的工作方式已经真正深入人心，而且安智的终极目标是提升客户服务体验，在这个背景下，必须实施敏捷方法。在实施新的商业模式之初，安智经常向声田流媒体等先进企业取经，如今，角色颠倒过来了，安智经常要接待来访参观的其他科技公司。[①] 这些"技术公司"都渴望学习安智的经验！

安智得到了业界的关注，高级管理层虽然对此感到欣慰，但也明白安智并不是在赶时髦。他们确信敏捷方法能够应对当今商界的特定需求。同时，按性质将员工编成小分队，有利于处理具体的目标和情况。每涉及一个目标，都要考虑：采用小分队的方式处理合适吗？企业中有一些部门可能会说"不合适"。今后，是否合适这个问题，要通过试错来确定。

没有永久和终极的企业结构。敏捷方法本身必须具备敏捷性——不能从定义上把敏捷方法框死，也不能为了敏捷而敏捷。

"就业能力"

荷兰安智的新工作模型，为其他希望提高敏捷性的企业提供了有益的启示。从一开始，企业就必须意识到，这是一种全新的工作方式。

---

① 2018 年 3—4 月版《哈佛商业评论》(第 59～61 页)刊登了一篇文章：《一家银行的敏捷团队实验：安智如何改进其零售业务》。BARTON D, CAREY D, CHARAN R. One bank's agile team experiment[EB/OL]. (2018 - 03 - 05)[2019 - 12 - 06]. https://hbr.org/2018/03/The new rules of talent management♯One Bank Agile Team Experiment.

荷兰安智的总层级较少,控制较少,管理层级也不多。此外,他们会多提问题,少用一成不变的计划,多进行"短时间爆发式"的实验,多对人们的工作方式进行调整。这些做法引起了员工选拔方式的变革,当然也会影响到已经在公司工作的人才。

今后,各级雇员都必须面对不断变化的就业市场——包括目前的就业单位在内。此外,他们必须准备学习并实际运用全新的技能。没有人能逃脱这样的命运。如果认为区块链、大数据挖掘、机器人、3D打印和人工智能的影响,集中体现在低层次的工作上,那就大错特错了。专业人士(公证人、医生、律师等),甚至那些从事创造性职业的专业人士,也会受到波及,没有人能豁免。

对于求职人才个体来说,这意味着在不久的将来,工作和职位都将发生变化。要不了多久,公证人和律师的职业就会变得面目全非。工作不但会发生变化,而且麻省理工学院的埃里克·布林约夫松和安德鲁·麦卡菲教授,以及牛津大学的弗雷和奥斯本,都认为"数字化正在引发新的经济动荡。从某种意义上讲,这意味着,由于计算机越来越强大,企业对某些工种的需求越来越少。科技的飞速发展可能会使一些人(甚至很多人)被淘汰"。①

这些学者的研究清楚地表明,每位员工都必须积极不断地投身于接受培训、谋求进步和接受教育,有时甚至需要学习从事一个全新的职业。**终身学习**不再是奢侈品,而是所有人的必由之路。

从雇主的角度来看,这些悲观的预测,反映了企业敏捷性的重要地位。显然,敏捷性是企业前进的动力,而敏捷程度的高低,主要取决于员工敏捷性的大小,即他们的"就业能力"。员工和企业,都必须积极应

---

① BERNSTEIN A, RAMAN A. The great decoupling: an interview with Erik Brynjolfsson and Andrew McAfee [J]. Harvard Business Review, 2015(6). "大脱钩"指的是美国和其他资本主义国家的GDP和生产率不断上升,而工人的收入却停滞不前甚至下降,这一持续了几十年的现象。

对变化,并为价值链做贡献,这对双方都有利。

"在未来 20 年里, 45% 的现有工作岗位将不复存在!"

——《麻省理工学院技术评论》

北京银行"就业能力"

以下是约翰·德威特对未来人才选择的看法:

- "我认为**学习能力是未来成功的主要标志**,这种能力比智力和教育程度更重要。"

- "在北京银行,我们聘用各学科领域有本科或硕士学位的毕业生——不是仅招聘商科毕业生。然后,我们让这些员工从事以前从没接触过的工作,看他们怎样应对局面。那些敏捷的人会很快进入角色,并在北京银行获得成功。"

他举了一个例子,就是他的翻译,此人是以翻译的身份被招聘进来的,结果在金融领域取得了巨大的成功。

约翰说他看过北京京西学校①最近制作的、解释其 FLOW21 教育使命的视频。FLOW21 与敏捷方法不谋而合。"FLOW21 是社区范围内的 5 年教学改革举措,旨在变革学生的学习体验,使每个学生的学习成效最大化。与其他学校不同,北京京西学校将会了解每个孩子,为他们定制学习计划,确保他们为迎接瞬息万变的未来做好准备。"

---

① 京西学校网址:https://www.wab.edu/.

要在敏捷的环境中取得成功,也不一定必须接受西式教育。约翰·德威特指出,中国人生来就习惯于在瞬息万变的环境中工作。他说:"中国人天生就很敏捷。在商业领域,人们会相互交流,探讨新的商机。许多西方人认为这种行为方式没有章法,但我认为这就是敏捷。"

其他技能

未来的雇员必须敏捷,才能保有对雇主的吸引力,并与"会学习"的机器人和计算机(有了人工智能,这些机器无须明码编程,凭经验即能学习和进步)抗衡。这意味人们必须行动起来,他们能做的事情之一,是在计算机还不具备的能力上占得先机。比如,在直觉方面,人是可以领先于机器的。其他类似的能力包括知人善任、富有同情心和创造力。

结论

在过去的几十年里,智商、技能和经验一直是选择员工的关键因素。这些标准仍然有用武之地,但由于企业要重整人才甄选方法,故而其他标准将变得越发关键,甚至可能成为决定性条件。未来的员工必须拥有与以往迥异的技能。这也意味着要采用新的甄选策略。这个观点是本书的核心(但请注意,本书不涉及员工的招聘——即不讨论如何做广告招揽新员工或如何寻找新员工。该话题很有意义,但不在本书讨论之列)。

如何改进甄选员工的方式?假如从潜在员工过去的经验中无法推测其未来的表现,那么,我们如何才能明智地进行甄选呢?在甄选过程中,至少要考虑哪些特征呢? 所用的标准可靠吗? 接下来,我将分享自己在 20 多年的人才选拔工作中积累的经验和教训。同时,我还将借鉴其他西方人才管理和评估专家、当今该领域的重要思想家,以及一些敏捷人才的意见。

简而言之,我认为能否选出敏捷人才,取决于对激励需求和个性理论的把握。另外,一定要试用本书中介绍的久经考验的人才选拔方法。我和我的同事每天都在践行这个方法,它包括 3 个阶段,分为 9 个步骤。在选拔人才时,如果能够依据本书介绍的心理基础及招聘步骤做决策,判断应聘者未来能否成功的能力,就会得到显著提高。采用我的方法,还有一个好处,就是不需要外部顾问的协助,即可甄选到符合未来需求的敏捷人才。

我从动机需求和个性理论开始讨论。然后,我将介绍人才选拔的 3 个阶段和 9 个步骤。把这些理论和方法付诸实践,你选择适当的候选人的能力,将会得到长足的进步。

延伸阅读

著作

- Tony Hsieh (2010). *Delivering Happiness. A Path to Profits, Passion, and Purpose*. Grand Central Publishing.
- Eric Ries (2011). *The Lean Startup. How Relentless Change Creates Radically Successful Businesses*. Penguin Books Ltd.
- Chris Sims & Hillary Louise Johnson (2011). *The Elements of Scrum*. Dymaxicon.
- Jeff Sutherland (2014). *Scrum. A Revolutionary Approach to Building Teams, Beating Deadlines and Boosting Productivity*. Random House Business Books.
- Marcus Ries & Diana Summers (2016). *Agile Project Management. A Complete Beginner's Guide To Agile Project Management*. Create Space

Independent Publishing Platform.

论文

- Barton, Dominic, Dennis Carey and Ram Charan, "One Bank's Agile Team Experiment: How ING Revamped Its Retail Operation" (pp 59 - 61) Harvard Business Review, March-April 2018. https://hbr. org/2018/03/the-new-rules-of-talent-management♯one-banks-agile-team-experiment.

- Bernstein, Amy and Anand Raman, *The Great Decoupling: An Interview with Erik Brynjolfsson and Andrew McAfee* Harvard Business Review, June 2015. https://hbr. org/2015/06/the-great-decoupling.

- Frey, Carl Benedikt & Michael A. Osborne (17 September 2013). *The Future of Employment. How Susceptible Are Jobs to Computerisation?* Working paper, The University of Oxford. http://www. oxfordmartin. ox. ac. uk/downloads/academic/The _ Future _ of _ Employment. pdf.

- Hulshof, Mark (1October 2014). "Strategic Agility: The All-Important Process." LinkedIn. https://www. linkedin. com/pulse/20141001125214-10581723-strategic-agility-the-all-important-process.

- PwC (March 2016). *Global FinTech Report. Blurred Lines: How FinTech Is Shaping Financial Services. http://www. pwc. com. au/pdf/pwc-fintech-global-report-2016. pdf.*

- Excerpt from: Mark Hulshof, Sjors van Leeuwen & Jesse Meijers (2013). *Strategic agility.* Publisher: Triggre B. V. (in Dutch).

第 **2** 章

选拔人才的误区

"我们需要更多知其不可为而为之的人。"

——西奥多·罗特克（Theodore Roethke），美国诗人

上一章讨论了敏捷人才的重要性。本章将讨论当今选拔人才的方法，这个工作稍不注意就会出错。哪里容易出问题呢？如何才能避免招聘失误的发生呢？在本章，我们将探讨一个误区，即将智商、技能和经验作为唯一的选择标准这种错误的做法。然后，再讨论另外两个常见的问题：工作岗位标准与公司的特定环境不匹配的现象，以及高度非结构化的面试方法。

在甄选人才的过程中，人们经常局限于使用某几个工具，这是极为不明智的。将各种测试方法和技术手段结合使用，才能更为准确地预测候选人未来能否取得成功，这是不争的事实。在选拔人才时，甄选手段单一，是所有错误中最为严重的一个。

小事聪明，大事糊涂？

为某个工作岗位挑选合适的人才，是件棘手的工作。管理者的工

作中，一个重要而复杂的部分，就是招聘合适的人才。据我所知，几乎所有单位都很重视人才的选拔。即便如此，日常选拔工作中还是错误百出。如今，随便什么单位都有一个专业的人力资源部门。他们培训招聘人员及管理人员，花大价钱聘请外部顾问。尽管如此，根据SHRM 基金会①的报告，仍有高达 50% 的新聘高层管理人员，入职还不到 18 个月就惨遭失败。造成这一失败的关键原因有两个：一是缺乏对风险或过度行为的评估，二是公司没有一个令人满意的、注重学习效果的入职计划。

据特许人事与发展研究所（CIPD）估算，管理人员与职位错配的成本，大约是该人年收入的 2.5 倍。哈佛商学院的研究显示，2.5 倍算是较低的，高的可达其年薪的 3~5 倍，如果是专业性很强的职位或高管，则可高达年薪的 10 倍。若是首席执行官或董事长，成本无疑会更高。

换言之，即便只考虑成本效益，也有必要在招聘和选拔人才的过程中，尽量少出差错。

"据 CIPD 估算，一个候选人错配的成本大约是该人年收入的 2.5 倍。哈佛商学院的研究显示，2.5 倍算是较低的，高的可达其年薪的 3~5 倍，如果是特别专业的职位或普通高管职位，则可高达年薪的 10 倍。"

——摘自 2012 年 2 月《e-金融职业》（eFinancialCareers）

---

① BAUER T N. Onboarding new employees：maximizing success[EB/OL]．[2019-12-06]．https://www.shrm.org/about/foundation/products/Documents/Onboarding% 20EPG-%20FINAL.pdf.

招聘不仅仅是招聘人员的职责

在当今世界上,大多数单位都会信誓旦旦地宣称,人才是他们最宝贵的资产。话虽说得动听,事实上,该资产并不一定得到了应有的尊重和关注。每当我问与我们有业务往来的首席执行官们,他们花多少时间挑选"最优秀而睿智的人才"时,绝大多数人都会回答说 5%～10% 的时间。他们通常将这项工作委托给人力资源总监或公司招聘人员。我不是说这些被委托者本身有什么问题,我想说的是,首席执行官、领导者和管理者需要认识到,招聘人才应该是他们工作的重要组成部分。

作为一个大半职业生涯都在进行**高管搜索**的人,我说招聘很重要,是有的放矢的。本书的目的,就是要根据理论数据提供一个循序渐进的方案,旨在确保你在未来的工作中,能独立完成人才招聘任务。事实上,顶级人才招聘需要整个公司全力以赴。当今的情形不容管理者将人才选拔工作推给团队成员,他们必须亲自参与人才选拔,才能保证公司在变化多端的环境中得以生存。

招聘工作不仅仅是招聘人员的责任,而应该是公司上下所有管理者的主要职责之一。几十年前,《从优秀到卓越》和其他管理书籍的作者吉姆·柯林斯(Jim Collins)表示,如果在制定优异的战略和招聘最优秀的员工之间他必须做出选择,他会毫不犹豫地选择后者。毕竟,如果没有合适的人来实施,再好的战略也无济于事。反之,如果有优秀的员工,制定个像样的战略并加以实施,是完全能做到的。

传统标准

我发现,大多数公司选择人才时,都会以候选人的知识和能力为准绳。通常的程序是浏览候选人的经验,测试其智商并评估其技能。接下来,会核查推荐信,甚至可能会核实候选人的学位是真是假。这些步骤都是合理的——我从来没有说过聪明的头脑及著名大学或商学院的学位是没有价值的,但它们并不能代表全部。如果你注重发掘敏捷人才,就不能局限于上述几步。本书提供的洞见及人才甄选工具有助于敏捷人才的选择。

智商的重要性

智商是一个相当重要的因素。事实上,这是候选人应对变化能力的最显著的标志之一。但是,不可根据智商高低这一个指标就草率地下结论。我们在面试中遇到的候选人,几乎无一例外,智商都很高。可见,智力固然重要,但不是一个区别性特征。关键在于这些高智商的候选人是否具备其他一些重要特征。包括正确的驱动力或动机需求,以及其他人格特征。如果没有这些个性特征,智商就不具备任何预测效度。智商只是一个不错的起点,高智商是候选人的一个可取之处,但是,绝不是说了解了候选人的智商,就了解了一切。比如说智力的种类,就是人们越来越关注和研究的一个焦点,稍后将对此做更多介绍。

"没有前进的动力,再顶尖的人才也无法取得上乘的

成绩。 同样，人才没有潜力，再高涨的动力也于事无补。"

——罗伯·文斯（Rob Vince），纽约诺德商学院人力资源研究教授

聪明但不适合

每当谈到智力，经常有人问我，有才华的人，会不会聪明过头，以至于公司都用不上。原则上我认为不会。在大多数领域，聪明才智总会有用武之地。但是，这个问题也不是毫无意义的。才华横溢的人一定要保证别人能理解他们的见解或观点。特别是管理者们，更要如此。

现代管理的核心理念，是管理者能够营造合适的环境，让他人取得成功。管理者能够调动员工的积极性，也是现代管理的要点之一。管理者们在这方面的差异大到令人咋舌，有些管理者调教出来的下属愿意上刀山下火海，而有些管理者的下属拽着头发都拉不动。有效的管理体现在很多方面，但其中很重要的一方面，是管理者能够清晰而简单地传达信息。

才华横溢当然是好事，但如果才华横溢到让下属无法领会管理者圣人般晦涩的言辞，那么，其才华就会大打折扣。如果高管提出方案或要求人们转向，却不告诉人们这么做的目的是什么，人们就会拒绝服从他的领导。我写过一本关于顶级人才的书，其中有一章是关于如何降低复杂度的，在那里我对这个问题进行了深入的探讨。归根结底，是要能够化繁为简：事实上，办公室里，不是那些爱因斯坦们，而是那些普通而平庸的管理者，倾向于把事情复杂化。总而言之，智商特别高的人做经理时，必须具备精良的沟通技巧及丰富的同情心，才能发挥应有的作用。

常常被高估的经验

不仅是智商经常被高估,经验和知识同样会受到过度的重视。是的,如果有人对自己的行业了如指掌,或者有非凡的管理智慧,那肯定是好事。事实上,在挑选人才时,大多数企业都把经验放在第一位,其次是教育程度。然而,如果员工因其丰富的经验,抵制变革和再造,则可能会适得其反。在当今的世界,这样做会带来灾难。如今,经验已不能主宰一切;经验以外的其他方面,正变得越来越重要。我们稍后再讨论这个话题。

我们都知道,有人以优异的成绩毕业,却在职业生涯中表现平平;有些人没有骄人的学位,却成为飞黄腾达的成功企业家。

每当想到大学学位,我就会想到已故的苹果首席执行官史蒂夫·乔布斯。2005 年,乔布斯在斯坦福大学的毕业典礼上,发表了精彩的演讲①,他开诚布公地说自己没有大学学历。事实上,他大学没读完就辍学了。这位苹果公司的高管在讲话中恳切地告诫下一代,不要犯同样的错误。他说,如果接受了适当的教育,通往顶峰的道路会变得更加容易驾驭。不过,乔布斯声称,他身上其他的优点弥补了学历的缺陷,他最终得以修成正果。

"随着地位的升高,高管们越来越远离招聘工作。 他们

---

① 史蒂夫·乔布斯 2005 年在斯坦福大学毕业典礼上的演讲视频,可以在 YouTube 上观看。
　https://www.youtube.com/watch? v＝UF8uR6Z6KLc&t＝4s.

其实应该更关注招聘工作才对。"

——艾瑞克·施密特（Eric Schmidt）和乔纳森·罗森伯格（Jonathan Rosenberg），谷歌

辍学企业家的神话

考夫曼基金会（Ewing Marion-Kaufmann Foundation）[①]最近提交了一份研究报告，支持史蒂夫·乔布斯至少要有本科学历的观点。该基金会的研究课题主要是，创业精神和教育对青少年的影响。研究人员发现，创业者所受的教育与其创业成功与否，存在着显著的相关性。这项研究调查了美国 1995—2006 年成立的 500 多家高科技公司。这些企业的绝大多数创始人都受过高等教育。相比之下，受教育程度较低的企业家所创办的初创企业，都要逊色得多。的确，史蒂夫·乔布斯、马克·扎克伯格和比尔·盖茨，没有入学文凭和学位，也取得了辉煌的成就，但他们是人中龙凤，普通人无法与其相比。

综上所述，大学学历和智商确实具有一定的预测效度，未来的雇主不可忽视这些因素。但是，在筛选人才的过程中，必须同时考虑其他因素，才能更好地预测候选人将来能否成功。

鉴于高等教育经历所提供的信息有限，所以谷歌在挑选人才时，很少关注学位。谷歌公司很重视大学生所获得的技能和经验，但学位无法揭示一个人的才能有多少，其勇气和决心有多大。毕竟，单从一张文

---

① WADHWA V, FREEMAN R, RISSING B. Education and tech entrepreneurship[EB/OL]. (2008 - 05 - 10)[2019 - 12 - 18]. http://www. kauffman. org/～/media/kauffman _org/research%20reports%20and%20covers/2008/06/education_tech_ent_061108. pdf.

凭,无法判断持有者是通过大量的艰苦努力获得的,还是通过巧言善辩及参加各种课外活动得来的;也无法从中看到持有者是否具备其他重要的特质:他擅长在众人面前讲话吗?他能激励别人吗?他有能力进行概念性的开放性思考吗?还是全靠死记硬背通过考试、完成论文的呢?在制定人才选择标准时,必须考虑所有这些因素。

非常有能力但绝对不完美

看看近年来公营和私营企业所遭遇的商业失败,就能明白,基于技能和能力选择人才是不科学的。企业高层之所以导致企业经营失败,通常都不是由于高层管理人员能力低下或缺乏技能。这些失败企业的高层管理人员,往往都是才思敏捷、经验丰富和能力超群的人。然而,他们当中,也不乏有人具有自恋或自大的人格特征。有这类人格缺陷的首席执行官或董事长,在某些情况下会使公司深受其害。

上述例子说明了一点:必须筛查高管们的个性和动机需求。在讨论"步骤 2"或人们的动机需求的章节中,我们将对此进行详细阐述。

不明朗的环境

以智商、技能和经验为根据选拔人才,这是问题之一。问题之二,是公司不能明确说明其经营状况,因此,无法明确提出对候选人的要求。我们可以从两个方面来看这个问题:一方面,选出的候选人不符合其将加盟的企业和团队的需求,从而导致失败;另一方面,认为候选人在其他企业的出色表现,可在其即将加盟的企业复现,这也会出问题。事实上,在一个领域的成功,不会自动转化为在另一个领域的成功。步骤 1 将讨论如何避免这些人才选择误区,以及如何厘清企业环境。

非结构化面试

　　导致选拔人才过程失败的第三个问题,是对候选人进行非结构化面试。具体来说,就是面试官在事先毫无准备的情况下,就一系列话题提出各种各样的问题。面试前,一定要做精心的准备,包括周密地描述应聘者必须具备哪些技能、性格特征和动机需求,才能满足职位的要求。在非结构化面试中,面试官会随心所欲地提问,以求证自己对候选人的正面第一印象,这样做是非常危险的。心理学家把这种做法称为确认偏误。这些陷阱易于理解,但难以避免,步骤 3 和 4 将探讨如何规避这类风险。

警铃不报警

　　在人才甄选过程中,如果存在出现某些状况的端倪,就应该引起重视。但是,近年来,这些现象却没有引起人们的重视,下面我们讨论是什么问题造成了这一现象。

　　我前面提到,化繁为简的能力是很重要的。但是遇到反其道而行之的人,该如何应对呢? 在人才甄选过程中,如果遇到无缘无故把事情搞得很复杂的人,建议你花点时间搞清楚他们为什么这样做。候选人可能在试图隐瞒什么,或者希望美化自己的个人形象。或者,他可能在虚张声势,掩盖自己对所讨论的话题缺乏必要经验的事实。

　　有时,候选人能给出必要的分析,但不能直截了当地表达自己的观点,这时,他们就会说行话,重复从流行的管理学著作中学来的“片段”,或者对具体问题泛泛作答。一旦遇到候选人有这种问题,必须要求他们澄清答案,或者直接问他们为什么这么含糊其词。他们可能会忙不迭地自我辩护,你可从中了解他们是否有化简为繁的倾向。

我发现最有才华的人，很少有化简为繁的倾向。相反，他们清晰、简洁的表达能力，让人刮目相看。

另一个应该引起招聘人员警觉的现象是，候选人见什么人说什么话。我经常遇到候选人对面试官彬彬有礼、和蔼可亲，但对接待员则生硬、暴躁或粗鲁。如果你注意到候选人有这种行为，一定要多加小心。那些认为下属不值得善待，因此鄙视下属，或以更糟糕的态度对待下属的人，肯定不是合适的人选。一般来说，你寻找的应该是情绪平和的人，不论大事小情，他们都表现得正直诚实。

埃里克·范德洛(Erik van de Loo)是 TIAS 商学院领导力和行为学教授，欧洲工商管理学院组织行为学教授，他认为，如果一个人对同级和上级采取一种态度，对比自己级别低的人采取另一种态度，这种行为是一个危险信号。[1] 如今，我也会观察候选人如何对待我的私人助理。如果哪个人无缘无故地对我的助理态度粗暴不文明，基本上可以认定，此人不适合担任领导职务。

使用多种选择手段

研究表明，多用几种人才选择手段，能够更可靠地预测候选人未来对工作的适应程度。因此，在甄选人才时，我们应该运用各种不同的工具和测试方法。

1998 年，美国研究员弗兰克·L. 施密特(Frank L. Schmidt)和约翰·E. 亨特(John E. Hunter)，对一些甄选手段及其预测效度进行了研究。他们的分析总结了过去 85 年全球范围内进行的研究，非常有价值。

---

[1] 见他写的章节"聆听的艺术"，网址：https://www.insead.edu/faculty-research/publications/chapters-in-book/the-art-of-listening-34175.

　　这两位科学家特别感兴趣的,是测量各种甄选手段的预测效度。这些甄选手段——总的来说——在多大程度上,可以预测候选人未来的行为呢? 施密特和亨特的结论是,有些手段有很高的预测效度。比如焦点面试或"基于标准"的面试。基于标准的面试,比非结构化的随意面试,效果要好得多,后者无法提供足够的证据,说明候选人是否能够满足职位的基本要求。其他的甄选标准,包括高等教育的年限和经验,都远不如结构化面试的准确性高。值得注意的是,他们的研究表明,甄选工具和手段的使用越是结构化和系统化,其预测效度就越高。此外,施密特和亨特还发现,招聘人员的专业水平对甄选工具的平均预测效度有很大影响。他们不仅研究了测量智商、技能和知识的工具,还研究了人格特质的预测效度。施密特和亨特关于合理地组合使用甄选工具的观点,非常有价值。除了他们讨论的工具之外,我认为有必要补充另一种甄选工具,即对候选人的动机需求进行可靠评估的工具。补充这个预测工具,可以更全面地了解候选人及其未来可能的行为。附录 1 概括总结了施密特和亨特的研究成果。

结论

　　显然,随着时间的推移,企业及其员工都必须更加敏捷。我们已经比较详细地讨论了目前人才甄选的误区。我们也看到,人才甄选的失败对企业界的影响多么严重。尽管人们熟悉的旧标准不会完全被淘汰,但技术创新和变革速度的加快,将对人才甄选产生深远而持久的影响。你所知道的,你所能做的,和你过去所取得的一切成就,等等,这些因素都不会对未来产生决定性的作用。起决定性作用的,是适应全新环境的能力。渴望学习新事物,遇到意想不到的挑战时能灵活果敢地应对,这些才是适应性好坏的有效标识。

　　人格特征和动机需求,将成为人才选拔所依据的最重要的衡量标准。具体来说，要甄选出敏捷人才，就必须学会辨识候选人是否具备适当的（成就）需求、好奇心、弹性、创造力、决心、灵感、理解力和学习能力。在甄选敏捷人才时，关注的焦点将不再是人们已经具备的技能，而是他们理解、处理和解决明天、后天以及未来的问题和困境的能力。

下面介绍的，是由 3 个独立的阶段，共 9 个步骤构成的敏捷人才甄选方案。

延伸阅读

著作

- Lidewey van der Sluis，Sylvia van de Bunt-Kokhuis，and others（2009）. *Competing for Talent*. Koninklijke Van Gorcum.

- Angela Duckworth（2016）. *Grit. The Power of Passion and Perseverance*. Scribner.

- Sydney Finkelstein（2016）. *Superbosses. How Exceptional Leaders Master the Flow of Talent*. Portfolio.

- Kimberly Janson（2015）. *Demystifying Talent Management. Unleash People's Potential to Deliver Superior Results*. Maven House.

- Lance Berger & Dorothy Berger（2010）. *The Talent Management Handbook. Creating a Sustainable Competitive Advantage by Selecting，Developing，and Promoting the Best People*. McGraw-Hill Education.

论文

- Talya N. Bauer（2010）. *Onboarding New Employees：Maximizing Success*. SHRM Foundation. https://www. shrm. org/about/foundation/products/Documents/Onboarding％20EPG-％20FINAL. pdf.

- eFinancialCareers（February 2012）. *How to Avoid Hiring Disasters*. Whitepaper. http://marketing. dice. com/pdf/Feb_2012_white-paper. pdf.

- Vivek Wadhwa，Richard Freeman & Ben Rissing（May 2008）. *Education and Tech Entrepreneurship*. Ewing Marion Kauffman

Foundation. http://www. kauffman. org/～/media/kauffman ＿ org/ research％ 20reports％ 20and％ 20covers/2008/06/education ＿ tech ＿ ent ＿ 061108. pdf.

● R. J. Sternberg (1997). "The concept of intelligence and its role in lifelong learning and success." *American Psychologist*, 52(10), pp. 1030 - 1037.

第二部分

甄选未来的
顶级人才

欧信英才 30 年来致力于人力资源咨询领域，从中观察到优秀的职业经理人会不断追求职业发展的高峰。那么未来的顶级人才应该具备哪些特质？如何成为顶级人才？雇主如何界定顶级人才？又如何甄选？下面就从雇主的角度来讨论如何甄选未来的顶级人才，助力职业经理人更上一层楼。

> "人才是新经济的硬通货。"
>
> ——丽兹·淮兹曼（Liz Wiseman）

　　毫无疑问，人才的选择受制于很多因素。因此，不可能找到百分之百符合要求的人才。从常规筛选转变到全方位甄选人才是明智的，可以不断改进和调整人才甄选方法。同时还要考虑到，当今对敏捷人才的要求，与过去相比，已经大不相同了。

　　结合我在人才选拔领域的实际工作经验，本部分将讨论如何选择适应未来发展的人才。大家熟悉的话题不再赘述，我将集中讨论那些常常造成差错或习惯性地被忽视的因素，旨在回答两个问题：我们能改变什么和如何改进工作。

多年来,我一直在对自己甄选人才的方法进行梳理和改进,不断补充或删减一些元素,使其日臻完善。但我的方法也不是一成不变的。建议大家尝试一下这个方法,找出其中适合自己的部分,不断将其中的元素重新组合、调整,得出自己特有的甄选方式。

3 个阶段,9 个步骤

我选择敏捷人才的方法共有 9 步,分为 3 个连续阶段:准备阶段、选择阶段及结果检验阶段(见下图)。9 个步骤中有些是连续的,但是各阶段所包含的步骤,不一定按我给的顺序执行。这 9 个步骤敏捷性不同,但都是必需的,只有结合使用,才能甄选到适应未来发展的优秀人才。

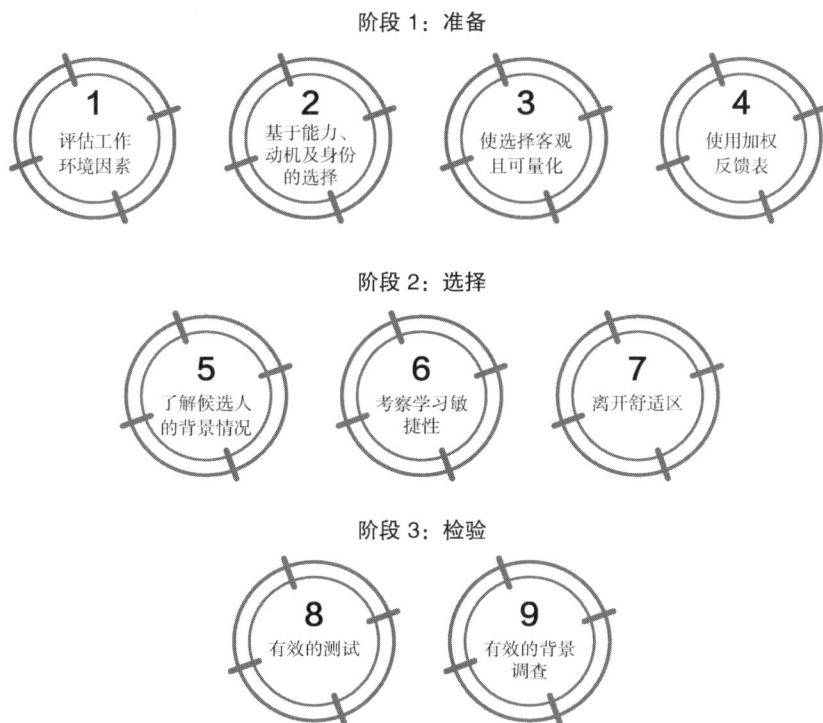

阶段 1:准备

| 1 评估工作环境因素 | 2 基于能力、动机及身份的选择 | 3 使选择客观且可量化 | 4 使用加权反馈表 |

阶段 2:选择

| 5 了解候选人的背景情况 | 6 考察学习敏捷性 | 7 离开舒适区 |

阶段 3:检验

| 8 有效的测试 | 9 有效的背景调查 |

甄选人才的三阶段九步骤

如果确实想改进人才甄选过程,那么一定要完成所有 9 个步骤。这样就不会仅凭一点或两点来做判断,也不会无端地过度倚重其中一点。另外，只注重考查候选人某些方面的情况，而忽视其他方面的情况，是不合理的。

一丝不苟地走完甄选过程的每一步，对候选人进行综合评价，才是更加明智的做法。这样才能大幅度提高找到正确人选的可能性。我不是全凭个人经验这么说的，大量研究也证明了这一点，包括前面提到的施密特和亨特的研究成果。

选拔人才的工作永远都不会变得轻而易举，但是这简单的9步，肯定会提高你找到合适人选的可能性，并且会减少你对外部意见的依赖程度。

第 3 章

阶段 1：准备

准备是关键，不说大家可能也知道。但是，万无一失的准备，需要参与招聘过程的人员在思想上达成共识，认清要寻找的是什么样的人。然后制定明确无误的标准，以保证所有相关人员了解并认同这些标准。这有助于提高甄选过程的客观性及可测量性。

该阶段包括 4 个关键步骤（如图 3.1 所示）。

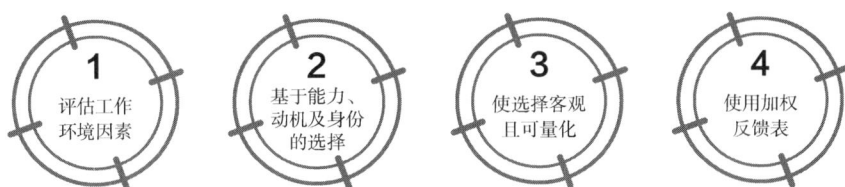

| 1 | 2 | 3 | 4 |
| 评估工作环境因素 | 基于能力、动机及身份的选择 | 使选择客观且可量化 | 使用加权反馈表 |

图 3.1　阶段 1：准备

步骤 1. 评估工作环境因素

我们建议优秀人才在考虑转换职业时，首先需要了解未来雇主的战略目标、文化背景、工作挑战及团队情况等，以此来判断是否与自己的需求、能力和个性相一致。而这点从雇主的角度来讲也是至关重要的，下面将从雇主方面来剖析这一问题。

> "环境的变化，有时会使最大的优势变为劣势。"
>
> ——哈什·伯格尔（Harsha Bhogle），印度板球评论员及记者

选拔人才的第一步，是了解人才未来要面临的新工作环境，也就是工作情境。这一步是不可或缺的，因为不存在适合任意公司或任何可能情况的普适型能力及品质。然而，很多公司甄选人才时，会理所当然地认为，优秀的候选人有这种能摆平一切的能力。

普适人才的神话

才华出众的人在任何场合、任何可能的领导岗位都能成功，这种假设存在本质性错误。不论在体育、政治还是商业领域，出类拔萃的人，都是在特定挑战与特殊条件的相互作用下脱颖而出的。换句话说：他们之所以成功，是因为处在某种环境，以及和技能与之互补的特定人群的共同努力。在曼联如鱼得水的运动员，到了阿贾克斯、切尔西或巴塞罗那，可能战绩平平。同样，安智银行的出色商业银行家，到了高盛集团，可能无所作为。很大程度上，成功有赖于个人才能与特定情境的协同作用。潜在候选人在此地、此景中，能否发挥其才能？他/她是否与公司的战略、目标和文化相匹配，是否与其他团队成员的技能结构、人格特征及动机需求相融合？所有这些因素结合起来，构成了对潜在候选人极为具体的要求。另外，还必须确定候选人是否能够应对公司所面临的特定挑战。

白纸黑字概括背景

如何确定候选人是否匹配职位的特定挑战和基本要求呢？首先，要弄清用人单位的大致情况。它的策略是什么？有什么样的公司文化和管理及监管结构？面临何种挑战和困境？哪些人是关键决策者（包

括高级管理层和董事及有影响力的员工)？管理者的独立性多大？是只让其充当训练有素的执行人，还是期待他们为公司的战略定位做贡献？这是否是一家中型公司，内部无真正的咨询人员，员工需具备实干精神外加战略眼光？

了解清楚公司情况后，要评估公司现有的人才储备。现有员工有哪些技能？有什么样的个性特征？激励他们的需求是什么？什么人是他们最好的补充？

除此之外，还必须将候选人的需求、目标与公司目标进行比较和匹配。只有两者基本相同，才能初步确定候选人是否符合公司的要求。

接下来，必须"由表及里"，透彻地了解候选人和公司的情况。为此，必须对候选人和公司进行细致的观察，这个过程可以自己完成，也可以委托给直线主管或人力资源专业人士完成。观察应涵盖以下 3 个方面。

（1）公司的战略和其他背景。

（2）公司文化。

（3）公司内部员工：团队内的匹配。

战略及其他背景

为了更好地描绘公司战略和其他背景，最好深入、细致地调查公司业务（宏观层面）背景、运营（中观层面）背景以及部门/单位（微观层面）背景。

宏观层面

对宏观层面或业务背景的评估，重点是关注业务目标：公司在哪个领域或业务部门运营，即从事什么业务？对在业务运营中起举足轻重作用的市场、提案、客户和销售渠道，要做到心中有数。

中观层面

评估运营背景，即调查公司运营成功的缘由。建议评估下列各项。

——公司目标：公司更高远的目标是什么，或者说公司**存在的意**

义是什么？

——公司的价值理念：公司信奉什么？有什么样的价值体系？如"诚信为本，注重合作，靠榜样力量激励他人，与内、外部客户坦诚沟通"。

——公司愿景：公司的远大抱负是什么？

——公司战略：公司采用什么方法实现目标？

——公司承诺：公司希望给公众留下什么印象？

微观层面

对部门/业务单元环境的评估，包括评价拟聘敏捷人才可能产生的影响，及其是否与部门/业务单元合拍。进行该方面评估，应检查以下各项：

——候选人将与哪些人合作？后者已形成了何种能力和身份认同？他们前进的动力是什么？

——管理者是哪些人？他们对员工在能力和身份认同方面有什么贡献？他们前进的动力是什么？

——公司内、外部的主要客户有哪些？

——该部门/业务单元的财务目标和其他目标是什么？

——关键创新是什么？

——计划有哪些重要的改革方案？

"归根结底就是一条：必须使人才的知识、个性和驱动力与公司的文化、战略及目标相一致。"

知道了上述问题的答案，就了解了公司的基本情况。这之后，就可以评估候选人在知识、经验、动力和个性上，能否对公司现有员工起到

补充作用了。如果不了解公司情况，就无从知道什么样的人选适合公司，也无法有效地进行选择。只有在确定了公司的性质及发展方向，并且评估了候选人的特质及动机之后，才能恰到好处地进行匹配。

如果要填补的是已有的职位，而该职位上的员工即将离职，则需要进行微观层面的工作环境评估，以确定离职者在该职位上的工作是否成功。这种评估，可为衡量新员工在该职位上的表现提供有用的信息。

文化

回答了有关运营环境和业务单元情况的问题后，公司的文化景象就基本清晰了。本章末尾提供的"延伸阅读"材料，有助于你进一步透彻地了解公司文化。

冯斯·琼潘纳斯（Fons Trompenaars）是一位荷兰裔法国组织理论家、管理顾问和跨文化交流领域的作家。作为一位文化差异方面的专家，琼潘纳斯撰写的权威著作《驾驭文化浪潮》（*Riding the Waves of Culture*），基于这样一个前提："如果某种事物适合一种文化，那么它适合另一种文化的可能性就很小。"琼潘纳斯强调说，精确地描述公司文化是极为重要的，是判断候选人能否完全满足要求的先决条件。为了深入探究公司文化，琼潘纳斯与查尔斯·汉普顿-特纳（Charles Hampden-Turner）联手创建了一个文化模型，其中区分了 7 个不同的文化维度。此外，他还开发了一款"企业文化"应用程序，帮助用户精确地描述公司文化。另一款名叫"职业生涯"的应用程序，还在开发过程中，有望帮助用户判断候选人和公司间的契合程度。

团队内部匹配

甄选人才时，一个常犯的错误，是根据候选人的个人资料来判断其是否符合职位要求，而不是以一个成功团队成员的标准来要求候选人。公司员工离职（退休或被重大晋升机会吸引而离开者除外），通常是由于与团队其他成员不合。将候选人与职位匹配，而不与团队匹配，是造成团队成员不合的根源。候选人与职位匹配当然很重要，但同样重要的，是确定他是否与公司其他重要成员志同道合。这些人包括管理层，以及其他对公司事务产生重大影响的人。候选人与他们之间是大致投缘，还是会冲突暗涌呢？他们之间个性互补吗？

> "人的个性千差万别，在某种情况下，或者说在任何情况/背景下，这些个性特征可能带来益处，也可能造成麻烦。"
>
> ——亨克·布鲁金克（Henk Breukink），监事会成员及高管教练

我建议你花点时间，弄清楚公司中最重要的人物有哪些。这有助于更好地了解这些重要人物的能力和个性。需要避免的是直接雇用与当前管理层和员工类似的人，而应该力求组建一个成员间互补的团队。虽然许多企业声称已经这样做了，但实际上，它们很难贯彻这一理念。

实际上，人们不会自觉地去建设多样而互补的团队，而是自然而然地反其道而行之。没有接受过培训、不知道要提防同质性招聘的人，几乎都倾向于把自己作为基准，最终雇用极为相似的员工。这种心理现象称为**相似吸引**。这种现象的另一种形式是表面上雇用了一个完全不同的候选人，但事实上他与当前的管理团队毫无二致。比如，招聘来的是一个有移民背景的管理者，但实际上他接受了当地的文化，已经放弃了自己原有的文化传统，不具备移民特征了，这就是"表面异而实际同"的典型例子。可以通过明确选择标准（步骤 2 和步骤 3），利用加权反馈表，使这些标准客观化并对标准进行衡量，或可防止发生同质招聘现象。

10 多年前，哈佛大学的鲍里斯·格罗斯伯格（Boris Groysberg）和其他几位研究人员，对在全球金融界不同职位之间流动的顶尖人才进行了广泛的研究。其重大发现之一，是求职者在换了一家公司后常常会业绩下滑。学者们认为，出现这种现象，是因为人们的业绩高度依赖于与他人的互动，而跳槽使这种互动暂时中断，同时发生变化的还有公司文化和其人际网络。事实上，假如不是一个优秀的个体而是整个团队被收编到另一个公司（这在金融、会计和法律界相当普遍），负面影响就不那么严重了，有时甚至可以忽略不计。

结论

选拔人才需要从公司层面到文化和团队层面，一级一级界定公司背景，然后制定候选人需要满足的标准。制定甄选标准，不能只考虑智商和经验，还要考虑那些适用于甄选敏捷人才的标准。接着是撰写职位描述，其中要包括公司环境因素，这有助于找到符合团队需求的合适人选。撰写职位描述很重要，但不在本书的讨论范围。

延伸阅读

专著

- R. Meredith Belbin（2010）. *Team Roles at Work*. Elsevier Science Ltd.
- R. Hogan & J. Hogan（2009）. *Hogan Development Survey Manual*（2nd Edition）. Hogan Assessment Systems.
- Fons Trompenaars & Charles Hampden-Turner（2012）. *Riding the Waves of Culture. Understanding Cultural Diversity in Business.*

McGraw-Hill Education.

• Fons Trompenaars & Piet Hein Coebergh（2015）. *100 + Management Models. How to Understand and Apply the World's Most Powerful Business Tools*. McGraw-Hill Education.

论文

• Jean Martin & Conrad Schmidt（May 2010）."How to Keep Your Top Talent". *Harvard Business Review*. https://hbr.org/2010/05/how-to-keep-your-top-talent.

步骤 2. 基于能力、动机及身份的选择

欧信英才的高管甄选经验告诉我们，除了经验和能力以外，雇主越来越看重人才的个性特征（身份）、动机需求和适应性（学习敏捷性），这是未来人才能否成功的关键因素。以下就从雇主的角度深入探讨基于能力、动机及身份的选择。

"得到雇用是因为你能力强，遭到解雇则是因为你人品差。"

——亨克·布鲁金克，监事会成员和高管教练

第一部分讨论的是在筛选候选人时，要考察的不"仅"是能力和知识。除了经验、技能和智商（"能力"）以外，动机需求（"动机"）和个性特征（"身份"），逐渐成为人们未来成功的关键要素。由于我们不再拘泥于传统类型的智力，因此，除了智商以外，开始更多考虑情商（即情绪智

力)和以适应性(学习敏捷性)为核心的适应商。步骤 6 将单独讨论学习敏捷性(见图 3.2)。

IQ ⟶ **EQ** ⟶ **AQ**

传统智力　　　　　社交智力　　　　　适应商

图 3.2　智力类型的转变

达沃斯 2016 年世界经济论坛的一份报告[1]估计,在未来 5 年内,当今至关重要的技能中有 35% 将发生深刻的变化。我认为这个估计略嫌保守,真实数字还会更高。

根据我看过的研究和我自己的实践经验,我建议在选择敏捷人才时,应该在传统的"能"和"知道"等品质上,增加两个额外的维度,即人们的动机需求及人品(个性)。

三个关键因素

在选择敏捷人才时,请记住我提炼出的 3 个因素:**能力、动机**和**身份**(见图 3.3)。每个因素是一个维度,它们是选择人才的依据。其中的"能力",指的是经验、技能和智商(知识和能力的传统特征)。我将根据 3 个因素的复杂程度,逐一加以讨论。

"今后 5 年里,目前的关键技能中 35% 将发生巨大变化。"

——2016 年世界经济论坛《未来工作报告》

---

① WORLD ECONOMIC FORUM. The future of jobs: employment, skills and workforce strategy for the fourth industrial revolution[EB/OL]. (2016 - 01 - 08)[2019 - 12 - 08]. http://www3. weforum. org/docs/WEF_FOJ_Executive_Summary_Jobs. pdf.

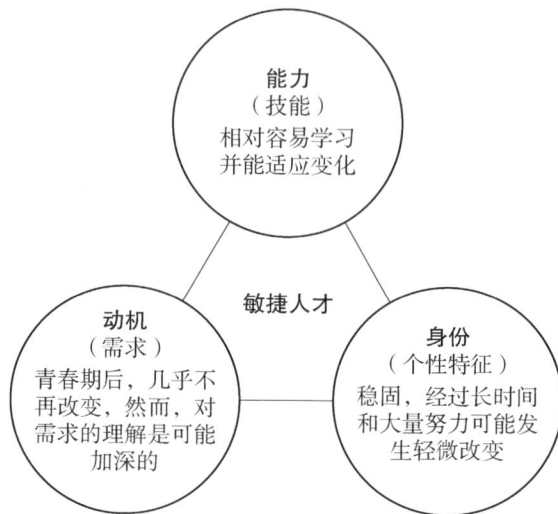

图 3.3　选择敏捷人才的 3 个关键因素

能力（及知识）

关于"能力"究竟指什么，仁者见仁，智者见智，但是归结起来，无非是指人们知道些什么和人们能做些什么。例如，能力，可以指恰到好处地面试候选人的本领。同样，我们都知道知识被认为是能力的子集，而且能顺手拈来一些例子，比如流利地说外语，演奏莫扎特的作品，或背诵莎士比亚的长篇段落。

身份特征

讨论到个性特征，事情就开始变得复杂了。总的来讲，这些特征反映了一个人的品质，是把这个人与其他人区分开来的美德和习惯。我们脑海中有形形色色的这类品质特征，它们很少会集中体现在一个人身上：如毅力、决心、细致、情绪稳定性、外向、韧性、创造力、善良等，不胜枚举。

我相信在这个变幻莫测的世界里，适应性和韧性这两个个性特征，以及学习和拥抱变化的能力，将来会成为选择最优秀的人才的重要标准。这些特征很独特，不太会随着时间的推移而改变。它们很顽固，不像技能那样，可以轻易学习或改变。

科学界普遍认为，个性和智力一样，在很大程度上是由遗传决定的。从青春期开始，个性特征就开始固化，到了 30 岁时，这些特征就几乎坚如磐石了。换言之，30 岁后要改变个性特征是极其困难的，即使专门针对这些特征进行培训或咨询，也无济于事。聪明的候选人，可能从职业生涯伊始，就一直在调整和塑造这些特质。由于即便花时间和精力也难以改变个性特征，因此，根据相关的个性特征在候选人和职位之间找到合适的匹配，便成了招聘中最重要的任务之一。候选人的动机需求对招聘工作提出了更大的挑战。在步骤 8 中，我们将探讨如何在选择合适的候选人时适当考虑动机需求。

个性特征是可以进行分析，甚至量化的，通过多方面培训还可能稍有改变。虽然有许多不同的方法可用来确定个性特征，但是心理学家普遍接受的，是所谓的"大五人格量表"①，又称"人格结构五因素模型"，通常被认为是最准确的人格测试模型之一。该测试在 5 个主要维度上对人格进行评分：5 个维度分别是开放性、尽责性、亲和性、外向性和神经质。

动机

除了技能和个性特征外，在选择人才时还需要考虑第三类因素，即动机需求或驱动力。对于激励人们的因素，我进行了相当长时间的探索，为了写《如何成为首席执行官》这本书，我深入细致地研究了这个问题。动机有 2 个不同的子类别：即动因（或理据）和**动机需求**。

动因一般是用人们的价值体系来描述的，这种方法是大家普遍接受的，也是众所周知的。因此，我这里只讨论动机需求。到第三部分，我们会讨论若干首席执行官提供的清单，并介绍他们对诚信这一选择

① P. T. Costa 和 P. R. McCrae 在 1992 年为这项测试设计了最常用的问卷。有关该主题的背景，请参阅大五人格量表修订版（NEO PI-R）。

标准的评估,届时我们将重新审视动因这个概念。之所以决定深入探讨动机需求,是因为它不那么司空见惯,需要进一步澄清。此外,它是选择敏捷人才的关键因素。

众所周知,需求很难描述——这与技能恰好相反。需求是无法从外部感知的。成年人的需求基本上是固定的,甚至比个性特征更难改变,这意味着在甄选过程中,必须把需求考虑在内。一旦选择了某个人,必须使其工作与他们的需求协调一致。人进入了青春期,就无法对自己的需求做重大改变了。

需求可以预测行为

从本质上讲,动机需求是驱使某人达到某个目标或情景的、内心最深处的动机。比喻可能有助于解释需求在人们生活中是如何发挥作用的:它们与汽车上电池充电器的工作原理相同。在日常社会交往中,人们都需要一个电源给内部电池充电。如果某个主要需求得到了满足,人们就会感到充满活力和心满意足。此时,人类的电池会自我充电。反之亦然:当所做的事情不符合内心的需求时,就会滋生一种空洞的不满足感。拿我们的比喻来说,电池能量供应就会流失到枯竭。

需求往往会引发行动的冲动,冲动的力度随需求的优先程度而变化。相互作用的需求的组合比例不同,冲动的大小也会不一样。在这一领域研究成效卓著的学者,要属哈佛大学教授大卫·麦克利兰(David McClelland)。他说,需求或动机是我们最主要的思考对象。他的研究表明,我们的思维方式决定了我们在家里及工作上如何行事。

概言之,该研究结果很容易解释:如果人们很少或从不去想某件事,那么就不太可能以与之相符的方式行事。反之亦然,经常思考某件事,通常可能会产生与人们的想法同步的行为。麦克利兰及其同事们断言,如果知道某个人行事的驱动力,就可以大致预测这个人的行为趋势。[①]

需求的影响

在很大程度上，人们是根据自己的需求行事的，但不排除有些情况下，出于某些原因，需求无法激励人们采取行动。一个人的行为可能基于许多原因。例如，在某种情况下，要考虑社交圈的感受，就可能不按需求行事。但从长远来看，需求还是会对人们的行为方式产生绝对和深远的影响。几乎没有人能够坚持做违背自己需求的行为。因此，必须加深对候选人动机需求的理解：这种理解有助于洞察在大多数情况下，该候选人在公司会有何种表现。

在压力下，人们更倾向于根据他们的主要需求采取行动。这是我们从生活经验中学到的，现在得到了研究的证实。了解候选人在压力下的表现，对于评估候选人是否适合某一职位，是非常有价值的。

> "深入了解候选人的个性是至关重要的。 准确的个性特征，有助于更加深入、细致地了解候选人的才能，并能更好地掌握他/她能否出色地完成某项任务。 如果亟须了解候选人在特定职位上的表现，那么就没有理由忽视他的个性特征。"

三个主要需求的影响

大卫·麦克利兰在其研究中描述了大约 400 个人类动机需求，这

[①] 如需了解背景信息，请参见本章末尾的"延伸阅读"中列出的专著，或参见大卫·麦克利兰的需求理论：http://www.12manage.com/%5Cmethods_mcclelland_theory_of_needs.html.

些思想观念影响着人们的情绪和最深层的价值观。其中，有 3 个需求对社会活动和行为产生了极为深远的影响，因此，专业文献称它们为"主要社会需求"。麦克利兰发现，这 3 个需求能解释人们约 70%～75% 的行为。它们是成就需求、归属需求和权力需求。

成就需求

第一个主要的社会需求是成就需求。有成就需求的人非常注重以目标为导向。他们不断地思考如何提高自己的表现和巩固自己的成就。圆满完成困难的工作及棘手的任务，令他们感到干劲倍增、心满意足。经常根据自己或外部实体（如其公司）设定的成就标准，来评估和要求自己，是他们的第二天性。

对成就有强烈需求的人，更喜欢自己单枪匹马就能完成的任务，即那些本人可以最大限度地控制结局或结果的任务。当自己创造的成绩，也就是自己的工作表现，决定了事情的结果的时候，他们会感到很满足。他们乐此不疲地寻求提升业绩的途径，并在这个过程中，频繁提炼出提高工作速度或效率的方法。他们一般不喜欢常规的工作，很有创造力，经常被创新所吸引。他们的口头禅是"发明"或"改进"。因为对独自完成任务有强烈喜好，所以，他们通常不太会关注那些由其他主要需求驱动的人的观点或优先事项。一般来说，他们不太擅长感知和预测他人的情绪。（当然，他们给人的这种冷漠感会达到什么程度，要看他们受其他两种主要社会需求影响的程度——不可一概而论。）

总体而言，对成就有强烈需求的人们渴望定期获得反馈。无论是正面的还是负面的，反馈都是提高个人绩效的有力工具。

行为

有成就需求特征的人，往往具有很强的竞争意识，他们的每一个举动和每一个想法都充满了竞争色彩。他们想要比其他人表现得更好，渴望获得独特的、引人瞩目的成就，比如：第一个完成任务，或者在什么事上创造新纪录。给别人留下深刻印象本身，不是他们追求的目标；他们更想做的，是不断以更高的标准要求自己。成就需求促使人们思考自己职业生涯的长远未来。有强烈成就需求的人可能会：

——不断调高、再调高对自己的要求；

——希望取得卓越、高质量的业绩；

——想赢得比赛；

——寻求对实时结果的准确测量，并要求经常得到反馈。

在面试中发现成就感主导的候选人

动机需求，最好通过适当的测试来进行评估，不过在面试中，也可以发现一些蛛丝马迹。我们已经了解到，有成就需求的人渴望不断进步。在面试期间和面试后，他们会评估自己的行为，并且喜欢征求反馈意见。当然，由其他需求驱动的人也会这样做，但是有成就需求的人，会探究事情的来龙去脉。只跟他们说面试进行得好或坏，他们是绝不会善罢甘休的。他们需要细节——详尽而有理有据的反馈。为了了解如何达标或如何改进自己的缺点，他们会刨根问底地征求意见。如果得到的反馈是积极的，他们就会想知道如何在此基础上更进一步，或者如何提高他们的效率。面试中，他们不避讳激烈的辩论，只要觉得自己可能从中学到东西，该辩论就辩论。他们不是持观望态度的人，而是会评估面试官，确定要不要把他当回事。

归属需求

有归属需求的人致力于建立和维持亲密的友谊和牢固的关系。大多数情况下，他们对其他人非常敏感。事实上，有这种需要的人，几乎都有极其完备的同理心，并有极为敏锐的触觉，能感知他人，尤其是亲近的人的需求和情感。他们喜欢和别人一起工作，通常不喜欢需要单独完成的或者竞争激烈的任务。他们也不喜欢自己与他人的关系杂乱无章或有破坏性。他们会尽量避免冲突。保持人际关系平稳，是他们的首要任务。无论是在个人关系还是工作关系中，应对批评或负面反馈,对他们来说都是一个挑战。如果是他们所属的团队得到了负面反馈,他们还是能接受的。但是如果把他们挑选出来,单独进行反馈,他们就会变得不自在。他们通常觉得反馈是针对自己的,把它理解为"这个人喜欢我"或"这个人讨厌我"。

有归属需求的人的缺点,是当他们觉得与他人无实际关系时,就不会让其进入自己的小圈子。因此,有强烈的归属需求的人,对与自己没有关系的人,可能会不感兴趣,以至于完全忽视这个人。他们通常会厌恶大型招待会和那些只能草草地、应付了事地交流的社交场合。他们更愿意花时间与朋友们亲密地吃晚餐或"私下里"聚会。他们的家庭关系通常很牢固,他们喜欢回家,在家里会深感和谐、舒适。

行为

有强烈归属需求的人,常会思考如何最有效地建立和维持亲密关系。他们一般喜欢团体活动而不是单独行动。其典型的行为模式是:

——帮助他人解决个人生活中的问题;

——换位思考;

——对同事非常友好且值得信赖。

在面试中发现归属感主导的候选人

有强烈归属需求的人,会真心关心他人。他们真的很想了解别人的感受,并且有敏锐的直觉去感知别人的心事。在面试中,这一点很明显——他们不会为了提问而提问,而是致力于建立真正的联系。他们喜欢团队行为,不喜欢独自行动。如果在面试中询问他们的个人成就,他们很可能也会提到其他团队成员在其中所起的作用。他们通常避免冲突,渴望维持愉快和建设性的工作氛围,即使在面试中也是这样。

权力需求

有权力需求的人,喜欢的是力量、影响力,甚至是支配他人和掌控局势的权威。他们喜欢对他人施加影响,喜欢给人留下强大、坚忍不拔的印象。当人们把"权力"用作贬义词时,它可能代表着独裁。因此,一定要明白权力也可以简单地指"影响力"，而不是指暴君或全能的统治者等传统上与权力挂钩的字眼。

一般来说，受权力需求驱动的人往往具有出色的社交技能。他们总能察觉到地位的象征和声望的标志，瞬间就能判断出公司的权力核心。他们反省自己的外在形象，以及自己给他人留下的印象。他们会用自己的影响控制形势，但他们是否会尽力扩大自己的影响，则取决于其权力需求的种类。他们喜欢那些能接触到重要的、有影响力的人的社交场合，可能会在其工作领域担任新员工的导师或教练，也可能选择担任董事。权力需求，可以分为个人和社会权力需求，稍后我会分别进行讨论。

行为

有强烈权力需求的人，会花时间思考自己与他人职位上的差异。地位和个人声誉对他们来说通常很重要。他们喜欢被人赞赏、重视和认可，渴望对他人产生影响。总的来讲，他们单凭自己的行为，即可在他人心中激起强烈的感情共鸣。权力需求大的人可能会：

——表现出足够的主动性，带头行动；

——做不仅影响自己，也影响他人的决定；

——告诉别人应该做什么。

在面试中发现权力欲主导的候选人

有强烈权力需求的人，在面试中往往会给人留下深刻的印象，表现得咄咄逼人。他们不会采取观望态度——而是坚定地主动出击。他们坚决果断，坦诚地提出自己想讨论的话题，必要的情况下，也不避讳富于建设性的辩论。权力需求的取向，包括 4 个不同的阶段。阶段之间的差别，主要表现为受个人权力需求支配的人和受社会权力需求支配的人之间的区别。属于前一个群体的人，高度以自我为中心，常会将群体的成就据为己有，并且知道什么时候该站在聚光灯下。属于后一群体的人，也喜欢成为关注的焦点，但他们有服务公司或长远目标的意识。他们的主要目的——真诚地讲——不是为了权力本身。

有社会权力需求的人，通常非常适合领导敏捷人才。这样的领导者关注他人，热衷于激励他人、启发他人，并为他人的成功创造完美的环境。

两种不同的权力需求：个人版和社会版

权力需求比另外两个主要社会需求更加复杂。研究表明，权力需求有多种形式，因人而异。这个需求分为4个基本阶段。第一阶段通常被认为是最不发达、最不成熟的阶段，而第四阶段被认为是非常罕见和极其完善的阶段。

表 3.1 权力需求的 4 个阶段

权力焦点	权力来源	
	他人	自己
自己	阶段 1 从属性权力	阶段 2 独立（自主）性权力
他人	阶段 4 相互依存性权力	阶段 3 影响型权力 a. 个人的 b. 社会的

来源：合益集团

对权力需求 4 个阶段的解释，是从权力的来源和焦点出发的。在第一阶段，也是最不发达的阶段，权力来自他人，是从属力量。这个权力，能使拥有它的人内心强大，如因为与一个有权势的人或机构有联系而感到强大。这种人大家都遇到过，他们从身外之物中获得声望或优越的身份，比如在某著名航空公司商务舱工作的乘务长，或某重大足球比赛中的裁判，可能因此觉得自己身份尊贵。

权力需求的第二阶段是人们从自身获得力量的阶段。这种权力并不少见,可以视为自主或独立的权力。人们利用自己的内在力量来驱动自己的行为,这种行为基本上是自我导向的。这类人一方面不喜欢听命于别人,一方面则喜欢独裁和控制别人。因此,他们不适合做现代的领导者。因为在这类"控制狂"领导和强制性准则之下,敏捷人才无法发挥其才智。敏捷人才更喜欢较为自主地完成工作,他们会认为"控制狂"领导人缺乏灵感又独裁,妨碍自己思维与学习的敏捷性。

第三阶段的权力需求虽然也源于自身,但是是用来造福他人的。表中显示,第三阶段细分为个人权力和社会权力。3a 阶段是指个人权力:具有该权力需求的人,希望比别人感觉更好或更具影响力。他们受到个人权力需求的支配,严重时可能表现出"太阳王综合征",需要聚光灯一直停留在自己身上,希望自己的成就、成果和目标超越所有人。具有这种特定倾向的人,非常富于魅力和感召力,如果不熟悉其心理特征,就很难把他们分辨出来。3b 阶段或社会权力阶段,则是另一个极端,有该权力需求者目标更为高远。公司专注于共同利益,或个人之间相互勉励实现互惠互利的宏伟目标,都可视为处于 3b 阶段。他们会全心全意地组织人力,共同实现某一特定目标或援助某一组织。

权力需求的第四阶段,是所有阶段中最成熟和最先进的,该阶段权力的来源和目标都是外部。处于该阶段的人不是只顾自己成功,而是给他人以启迪,使其能够摆脱自私自利,在更高层次权力的驱使下,实现自己的目标。因此,人们最希望能为这种水准的领导人工作。这类领导人不回避他人的瞩目或领导的权力,但他们一旦成为领导者,也绝不会自私自利,而是会致力于改善公司现状及员工水平,或致力于实现某个目标。纳尔逊·曼德拉或圣雄甘地,堪称该阶段权力需求者的典范。

人们明显地受某种需求的影响,影响大小就看这个需求在其心理构成中的分量有多大了。要知道血肉之躯的人,肯定比划分出的几个类别复杂得多,因为这 3 种主要的或基本的动机需求之间会产生相互作用,并与心理学家大卫·麦克利兰确定的其他 397 种需求(尽管其中一些需求可能在许多人身上不出现)相互影响。

2 个例子

下面举 2 个例子,进一步阐明 3 个主要需求。

第一个例子:设想自己要与 3 个最亲密的伙伴去打高尔夫。这 3 个人水平相差无几,拍张照片的话,大家看起来都像典型的高尔夫球手。然而,明眼人却可以观察到各人行为方式的不同,这种差异就是主要需求不同造成的。

第一位朋友是由成就需求引领的。他打高尔夫球时,只求创造新的个人球场最佳纪录或者减少差点。第二个朋友有很强的归属需求。他喜欢和别人一起玩,觉得氛围远重于比赛结果。即使球场上事事不顺,一个球都没进,他仍然会说:"今天真是太棒了,我们一起玩得很开心。"第三个朋友有权力需求。他比赛的动力是击败其他人,让他们承认他是最好的球手。

第二个例子:你和你的团队决定去爬山,攀登勃朗峰或乞力马扎罗山,作为团队建设活动。你有一个明确的目标,就是大家一起到达山顶。但在上山的路上,导游逐渐意识到这个团队人各有志。攀登的第一个阶段看似风平浪静——但事实上,有成就需求的人,已经在考虑更高、更难攀登的下一个山峰了。毕竟,他的需求意味着他要不断挑战自己的极限。而有归属需求的队友,则担心在攀爬过程中有人会跟不上,他不断查看,以防有人掉队,最后也是最重要的是,他要保证团队中每个人都玩得很开心。有权力需求的人,致力于成为那个带领大家攀登并亲自把旗子插到山顶的人,然后让同伴拍一张他英姿飒爽的照片。到大家下山时,他则幻想着接受《国家地理》杂志或对登山旅行感兴趣的某管理杂志的采访。

如何将工作背景与需求及个性特征相结合

完成步骤 1(详细描述工作背景要求)后,需将候选人必须具备的学习敏捷性、自信和个人有待改进的方面补充到描述中去。还应考虑风险因素或导致失败的因素:过度的勇气,偏执或不信任,缺乏情感,拒绝接受别人的建议,或傲慢自大。这些都是需求及个性特征协同作用造成的。

人们可能由于个人因素而失败,也可能由于与公司背景或特定环境不匹配而失败。因此,绝不能只考察优秀人才本身,还要不厌其烦地评估这个人是否契合公司情境。这意味着,人才寻访过程,必须始于对候选人未来工作环境的细致调查。

独特的潜能

同样重要的,是将候选人现有的能力和成就,与新职位的相关标准进行匹配。这听起来容易,其实不然,很多公司通常是根据求职者上一个职位的工作表现,来判断其是否适合新工作。因为求职者在其他职位上工作出色,就认定他们能够胜任新的空缺职位,这是一种懒惰的表现。新工作职位可能需要完全不同的技能和个性特征。把现在的成就与将来可能取得的成就挂钩,是不对的。

一个典型的例子,是一位成功的推销员在晋升为销售总监后,就开始走下坡路。这种员工表现突然急转直下的情况,数不胜数。失败产生的原因之一,是没能正确地区分成就和潜力。另一个原因是不考虑新工作环境的需求。研究人员让·马丁(Jean Martin)和康拉德·施密特(Conrad Schmidt)①认为,这两点在现实生活中经常被忽视。他们的研究表明,当前高绩效的员工中,70%以上缺乏未来工作成功所必备的关键素质。比例这么高的原因之一,是目前的社会发展迅疾猛烈,速度惊人,对几乎所有市场都造成了巨大冲击。

"当前高绩效的员工中,70%缺乏未来工作成功必备的关键素质。"

——让·马丁和康拉德·施密特,《哈佛商业评论》

下面的案例研究明确了这一点,案例中,一家美国大公司的优秀业务部门经理,被调到了一个新的职位。鉴于他以往的辉煌业绩,监事会要求他担任一家油漆生产厂的首席执行官。然而,辉煌的过去,并不能保证光明的未来。

经验与公司情境

该候选人在自己的领域有着杰出的成绩,过去 20 年里,他曾为一家主要竞争对手公司工作,并取得了巨大的成功。他对油漆行业了如指掌,而且他似乎也具备必要的管理经验。他以追求高质量而闻名,受到员工的普遍赞誉。其庞大的业务网,更进一步提升了他的资历。

---

① MARTIN J, SCHMIDT C. How to keep your top talent[EB/OL]. (2010 - 05 - 10)[2019 - 12 - 17]. http://www. harvardbusiness. org/how-keep-your-top-talent.

这位新高管上任伊始，市场进入了一个动荡时期。一些初创企业异军突起，与大型跨国公司同台竞技。这些新公司一般为中型企业，它们关注的不仅是"制造真正好的油漆"，而且还非常重视可持续发展，充满创意。此外，它们驾驭商业模式的方法，跳出了传统的窠臼。它们根本不在乎过去几十年油漆市场在忙活什么。事实上，这些新公司的很多高层管理人员，在油漆市场方面都没有经验。其中一个有教育行业背景，还有一个是生物医学专家。他们牵头开发可以在各类新环境下使用的油漆品种，比如有一种油漆相关产品，可以供发展中国家的家庭和学校用作降温材料。

这位新的高管当时了解到，他的许多客户已经签约购买了由竞争对手开发的一种可以杀死传播疟疾的蚊虫及其他昆虫的油漆。这种产品将对他所在公司的市场份额造成巨大的打击。尽管这位新上任的主管有许多优秀的品质，但他探究未知领域的本领不那么出色。因此，他顽固地抱着经过实践检验的方法及历经时间考验的成功模式不放，认为没有必要适应变化或新情况。在从前的公司里，他任业务部门经理很成功，是因为他的主要任务是圆满地执行他人制定的战略，从来没有人要求他为企业制定过新的方针。

遗憾的是，在选拔人才的过程中，人力资源经理过于注重罗列该经理的优秀品质，不曾审查他需要做哪些关键的改进和个人提升，才能担任首席执行官，也没有考虑到新公司对这位未来高管的要求。

可见，不论考察哪位候选人，都应密切注意其在未来职位上特定的发展潜力。正如我前面提到的，在学习敏捷性和不断进步方面，对候选人的要求,绝不可能独立于公司环境之外。事实上,评估候选人的进步空间,无非是在以下三点之间求得平衡:一是候选人已经取得的成就,二是对候选人未来取得成就的期待,三是候选人所应聘职位的具体要求。

结论

即使所有的参与者同时整齐划一地做完全相同的动作,也可从中分辨出 3 种极其不同的"打高尔夫"或"爬山"的方法。事实上,能否从事某项活动或工作是一回事,有什么动机需求,以及这些动机需求会如何影响人的行为方式(特别是在存在压力的情况下),则是另一回事,两者没有关系。

个性特征也一样。假设有 2 个不同的首席执行官竞争 1 个职位,他们都有很高的智商、出色的业绩记录和来自知名大学的教育背景。他们同样聪明。这种情况下,可凭借其应对压力的表现,确定谁会最后胜出。

请牢记:过去的成功并不意味着将来也会成功。要考虑到环境因素;也就是说,要研究候选人在哪方面取得了成功,他改变的潜力是大还是小。

延伸阅读

专著

• Ber Damen（2007）. *Leiderschap en motivatie. Wat drijft en beweegt de topmanagers in Nederlandse organisaties*? Koninklijke Van Gorcum. Last chapter summary is in English.

• Daniel Goleman（1995）. *Emotional Intelligence. Why It Can Matter More Than IQ*. Bantam Books.

• David C. McClelland（1978）. *Human Motivation*. Cambridge University Press.

- David C. McClelland & David. G. Winter（1969）. *Motivating Economic Achievement*. Free Press.

论文

- C. F. Aráoz（June 2014）. "21st Century Talent Spotting." *Harvard Business Review*. https://hbr. org/2014/06/21st-century-talent-spotting.

- A. Belasen & N. Frank（2008）. "Competing Values Leadership: Quadrant Roles and Personality Traits." *Leadership & Organization Development Journal*，vol. 29，no. 2，pp. 127 – 143. http://www. emeraldinsight. com/doi/abs/10. 1108/01437730810852489.

- Jean Martin & Conrad Schmidt（May 2010）. "How to Keep Your Top Talent." *Harvard Business Review*. http://www. harvardbusiness. org/how-keep-your-top-talent.

- D. C. McClelland & D. H. Burnham（1976）. "Power Is the Great Motivator." *Harvard Business Review*，54（2），pp. 100 – 110. https:// hbr. org/2003/01/power-is-the-great-motivator.

- R. R. McCrae & O. P. John（1992）. "An Introduction to the Five-Factor Model and Its Applications." *Journal of Personality*，60，pp. 175 – 215. http://psych. colorado. edu/～carey/Courses/PSYC5112/Readings/psnBig5_Mccrae03. pdf.

- World Economic Forum（January 2016）. *Global Challenge Insight Report. The Future of Jobs. Employment，Skills and Workforce Strategy for the Fourth Industrial Revolution*. World Economic Forum. http://www3. weforum. org/docs/WEF ＿ FOJ ＿ Executive ＿ Summary_Jobs. pdf.

- S. J. Zaccaro（2007）. "Trait Based Perspectives of Leadership." *American Psychologist*，vol. 62，nr. 1，pp. 6 – 16. http://mydarknight. com/wp-content/uploads/2013/04/Traits-Based-Approach-zaccaro-article. pdf.

步骤 3. 使选择客观且可量化

如今，雇主甄选人才不仅要了解候选人过往的成功经验，还希望可以预测候选人在未来职位上的表现,所以结构化面试得到了越来越广泛的使用。了解结构化面试及面试过程,将有助于提高面试的成功率。下面就请跟随我们来深入了解吧!

> "通常我们都是从自己的角度来看待事物,所以并不能看到事物的本来状态!"
>
> ——哈里·弗里德曼(Harry Freedman),作家和企业家

人对任何事物的观察,都注定是复杂并且有偏颇的。没有哪个人的世界观是客观、公正的;人们不经意地受到自己的参照系的严重影响。正面和负面的偏见左右着我们,使我们的观点变来变去。究竟雇用还是不雇用某个人才,多半是受情感支配的。听从直觉的支配并没有什么不妥,但是不能完全凭直觉做决定。自己的直觉当然不可置之不理——但是记住,直觉会因种种原因而出错,错误的直觉可能使人误入歧途。比如说,如果对候选人产生了某种不安的感觉,就应该多查看资料并找到依据——可靠的数据——来求证这种不安的感觉是否有道理。强调一下这个重点:不可让直觉在决策过程中起主导作用。决策应该更加理性、客观和量化。

本章介绍 2 种进行客观和量化选择的关键方法:

(1)焦点面试。

(2)双人面试原则。

焦点面试

焦点面试是一种结构化的面试。即在面试过程中,雇主使用一系列预先确定的标准,判断候选人是否适合某个职位。标准是根据职位

的要求制定的，职位要求则来自对公司背景的梳理。无数研究证明，与非结构化面试相比，焦点面试能大幅度提高预测效度。

经验丰富的面试官或招聘人员会认同焦点面试法，而那些在选择人才方面经验不足的人，更可能从焦点面试中受益。缺乏经验的招聘人员，更容易被候选人特别好或特别差的品质干扰，但这些品质有时甚至与未来的职位毫无关系，根本不应该加以考虑。

假如你觉得自己是绝对不会受这些品质干扰的，那就大错特错了。不消几秒钟，对候选人的第一印象就会攫住面试官的心智。在余下的面试时间里，面试官会试图证明这个第一印象的正确性，为此会不停地问有诱导性的问题。

握手绵软无力或面试最初几分钟不直视面试官的眼睛，都可能导致负面的第一印象。但正面的第一印象可能同样肤浅——例如，候选人和面试官可能有共同的朋友，或相同的体育或其他爱好，因此，面试官对他的第一印象很好。可是，握手绵软无力，与战略和分析思维能力有什么瓜葛呢？有共同的朋友，怎么能证明候选人具备完成一项工作的能力呢？

虽然这种即时决策[①]，在预测一个人未来能否成功方面，已被证明几乎没有任何效度，但许多面试官都趋于受第一印象支配。如果接下来的面试没有章法，关键标准可能完全被抛到脑后。

避免这个问题的方法，是进行结构化面试或焦点面试。这类面试有助于根据事先制定的标准来评价实际情况。进行结构化面试或焦点面试，可以避免以表面的、不相关的印象（积极印象也好，消极印象也好）为标准，来判断候选人对职位的适合程度。

---

① 其专用术语是"快速认知"。

"非焦点面试不能准确预测候选人在未来职位上的表现，这一点已经得到了反复证明，但非焦点面试法仍被人们广泛使用。"

反思与适应性是敏捷人才的标志

STAR 方法，被广泛用于测验候选人的素质：STAR 指的是，了解候选人处理某一**情境 (S)** 的方法，询问其曾完成哪些**任务 (T)**，采取了什么**行动 (A)**，产生了什么**结果 (R)**。最近，人们对该方法做了修改，补充了反思或内省因素：即考察候选人从情境中学到了什么，以及他们是否清楚自己的优势和需要改进的地方。

传统的 STAR 方法，是让候选人用具体的成绩和成功，来说明他在团队工作中的作用。修正后的新版本与此相同，只是补充了**反思 (R)**。反思能力是一个值得细致考查的方面，因为它对学习能力有积极的影响，因此，对敏捷人才至关重要。步骤 6 将深入探讨反思能力。

单纯检查候选人的优缺点是不够的，还必须考察其从经验中吸取教训和对经验进行反思的能力。创新型人才和现代领导者从不忽视反思和内省。他们主动要求他人提供反馈信息，因为他们迫切地想分析自己的表现、经历和错误。因此，我主张所有面试都要考查候选人的反思能力。考虑到敏捷人才的特点，我建议在 STARR 方法中，再补充**"适应性" (A)** 这一项。

针对所吸取的经验教训，候选人采取了什么明显的调整方案和实施举措？一方面，适应性是选拔敏捷人才的一个重要标准——这是本书的核心观点。另一方面，弄清候选人采取什么措施，实施从反思中得来的真知灼见，也是当务之急。毕竟，如果不做出积极响应，那么反思得来的经验教训，会变得一钱不值。因此，是敏捷人才，就应该展示自己的反思能力，以及将自己的觉悟付诸实践的能力。

表 3.2 是最终得出的 STARRA 方法中各个步骤的简要描述。

表 3.2　STARRA - 方法

情境：你职业生涯的这个阶段的实际情况怎么样？当时你的同事们是谁？你们在什么背景下一起工作？

任务：在这个职位上你究竟完成了哪些任务？你主要负责哪些方面？公司对你有什么期望？公司以什么结果评价你的表现？

行动：你如何选择行动方案？有什么战术？采取了什么行动？行动顺序如何？

结果：实施计划后得出了什么结果？你个人对结果有多大贡献？结果的哪一部分（好的或坏的），应该归于团队其他成员或公司其他员工？

反思：你从该情况中吸取了哪些经验教训？假如当初早知如此，你的做法会有什么不同？你对自己有了什么新的认识？根据反思结果，展望未来，你需要做出什么改变？

适应：反思过后，你如何适应变化的情境并进行了哪些改变？通过反思和内省对情况加以分析后，你有没有进一步把学习心得用于实践？有没有通过切实的、可测量的行为改变或产生新的工作思路，强化自己的工作方法？

如何实施

焦点面试通常包括与其他招聘决策者讨论——围绕具体的工作情境——候选人是否合适，他符合哪些条件，以及他有哪些技能和特点。

> 候选人与职位，是基本匹配还是完美匹配，99％的情况下取决于其是否具备适当的软技能：与职位相称的个性特征和需求之间的相辅相成。最近，Aquent 猎头公司在对欧洲市场的研究中，再次证明了这一点。

决定了要为焦点面试收集信息后,第一步要做的是与新职位的经理或主管进行对话,一起讨论候选人需要具备哪些关键品质,才能胜任该职位。如果想彻底了解情况,还应该与该职位所属团队的员工以及其他相关同事交谈。另外,还要加上来自人力资源经理的信息。毕竟,动机需求和个性特征等主题,通常不是直线主管重点关心的对象,需要找一位专家,协助制定基本标准。然后,要讨论这个职位的成功秘诀。说到底是回答下列问题:这项工作的中心任务是什么?需要具备什么品质才能把它做好?

双人面试原则

虽然结构化面试会使面试过程具有一定程度的客观性,但多做几轮面试,每轮都有几个人参加,会使面试结果更好。最好由两个面试官一组进行面试,两位面试官各自做决定。在面试过程中最好准备一份表格,面试官可以根据标准给候选人打分。有了这张表格,招聘人员也可以在上面记录自己对候选人的看法。一定要把看法记在相关的选择因素旁边,这样,评论才能有针对性。在面试结束后,要让参与面试的面试官尽快填写反馈表。经验告诉我们,过了几天后,大多数面试官对面试过程的记忆会严重衰退。出于这个原因,我们喜欢在每次面试中,设两位面试官(双人面试原则),每个面试官分别记录面试时观察到的情形。

在面试过程中填写表格,可避免面试官放松对某一特定条件的要求,也可避免因判断力受到其他因素的影响,而使某一条件变得更加苛刻。然而,同时观察、倾听和做记录是非常困难的,人们往往高估自己多任务处理的能力。

多任务神话

我一开始就发现,大部分人很难做到又观察又记录。人们通常觉得自己能够专注地同时做两件事,但事实并不像我们想的那样。有大量的研究可以证明这一点。

华威商学院的行为科学家研究了人们完成多重任务时大脑的活动。比如说，一边面试一边做记录，这时，大脑要在两个活跃区域之间快速地来回转换；事实上，我们只是在快速地轮流做两个任务，而不是同时完成两个任务，因此，效率并不一定高。荷兰版《国家地理》（2013年3月）中的一篇文章指出，多任务现象是不存在的，"除非是同时完成我们非常擅长的任务，如开车时听收音机，这时大脑转换得非常快，以至于我们以为自己同时在做两件事。然而，如果是同时做两件不熟悉的工作，情况就完全不同了。大脑各区域之间的转换速度减慢，阻碍了任务的顺利完成。"结果导致错误率明显上升，事实如此，不承认也无济于事。对开车时打手机的研究，为此提供了无可辩驳的证据。

尽管科学家们普遍认为，多任务工作方式会导致更多的错误，但许多人还是乐此不疲。在电子邮件、社交媒体和智能手机的时代，也难怪人们想一心多用，有些人甚至认为，他们的多任务处理能力是一种身份的象征。

在我们单位，人们认为，即使是经过严格训练的人，要做到观察力充分集中，一次也只能做一件事。因此，我们总是成对进行面试，当一个面试官提问时，另一个写观察笔记。

组建人才甄选团队

在准备工作的最后阶段，需要仔细考虑如何组建选择团队。一个完善的选拔过程至少应该包括三到四轮面试。如果按我说的，两人一组进行面试，那么需要的面试官人数相当可观。除了合适的经理之外，我总是鼓励我的客户在甄选团队中，将人力资源部的人员，以及与该职位有密切联系的员工包括在内（这就是所谓的同伴选择）。未来将与新员工密切合作的相关人等，可能会非常清楚该职位所需的能力。此外，还可能有必要在选拔团队中，增加两个拟聘经理未来的下属。尽管大家普遍认为，不应该让员工挑选自己的经理，但也有确凿的证据说，就是要让员工选自己的经理。毕竟，只有这些人，才能确定候选人是否能激发他们的灵感。当代管理者和领导者的一个主要职责,是能够鼓舞和激励他人。经过深思熟虑之后,谷歌已经开始将一名来自完全不同领域的员工纳入甄选团队。这个跨职能的面试官,可能对填补职位没有什么兴趣,但为了公司的利益,他肯定会非常重视保证招聘质量。

最后,我建议一定要选择最好的员工参加人才甄选团队。优秀的甄选团队,一定会选出最优秀的候选人。"一流玩家选择一流玩家,二流玩家选择二流或三流玩家",这句话听起来有些老套,但是千真万确。

老练的面试问题

在进行实际面试之前,面试官应做好充分准备,并决定他们打算问什么样的问题。尽管候选人的回答可能会引出后续提问,但还是要提前起草几个基本问题,有备无患。这样也能避免不同候选人被问到完全不同的问题,导致对他们进行较为主观的对比——绝对不能这样。

应该问哪些问题,又该避免哪些问题呢?并不必提出标新立异的问题。所问的问题,应该鼓励候选人向你透露如下信息:

- 他们是什么样的人;
- 他们的动力是什么;
- 他们的工作方式是什么样的;
- 他们完成任务的方式,以及他们是否坦诚地谈论所犯的错误;
- 开始下一步行动之前,他们是否花时间思考、计划、调整;
- 他们对成功的定义是什么?为什么?

以下是我个人的一些灵验的面试问题,还有几个问题,来自谷歌前人力资源高级副总裁拉兹洛·博克(Laszlo Block)和畅销书《雇人也需动脑筋》(*Hire with Your Head*)及《招聘与被聘指南》(*The Essential Guide for Hiring & Getting Hired*)的作者卢·阿德勒(Lou Adler)。两人都对这一领域进行了广泛的研究。

以下是一些可能用于面试的问题。

- **你为什么要离开现在的雇主?**

我经常提出这个问题，因为从人们谈论他们目前的职位或经理的方式上，可以收集到很多信息。过分消极、把自己的错误归咎于他人或喜欢自怨自艾的人，得到你公司的职位后，很可能会重蹈覆辙。我刚开始工作时，就错误地雇用了一个这样的人，结果可想而知，从那以后我就一直很谨慎。

- *你如何为自己设定目标？如何实现目标？请告诉我们，你如何使用 STARRA 方法开展工作？*

优秀的候选人，可以详细而准确地描述他们的工作方式。事实上，他们会本能地与你分享他们做了多少工作，取得的成就中哪一部分是团队的努力。他们也会自觉地详细说明，如何在项目进行过程中调整目标，以及在这个过程中吸取了什么教训。

- *你能讲一件和同事或客户发生冲突的事例吗？冲突是什么原因造成的？为什么不容易跟他们相处？你是如何解决这个问题的？你的措施产生了什么效果？现在你什么都知道了，觉得那时应该有什么不同的做法？*

冲突本身并不重要，关键在于冲突是如何产生的，随后是否有反省过程，以及问题是如何解决的。

- *你在什么情况下是团队中最有效的经理，激励队员实现目标？你有过什么计划，如何确保个人和团队目标一致？*

- *你的简历中漏掉了什么本该包括的或者现在想分享的内容？为什么会漏了？*

- *假设一个小时后，你需要离开办公室去参加一个重要的客户晚宴，而你还有 250 封未回复的电子邮件等待处理。你如何解决这个困境？*

通过该问题的答案，可以了解候选人解决问题的独创性，以及他们辨别事物轻重缓急的能力。

- *迄今为止，你最大的工作成就是什么？请与我们分享你是如何*

制定计划、如何完成工作的,用什么方法衡量自己的成功,以及你最严重的错误是什么。

这个问题由卢·阿德勒设计,让候选人有机会陈述自己若干方面的素质。据此,可以了解他们如何工作和做计划,设定的标准有多高,以及他们如何描述成功。此外,还能了解到,他们是否有承认失败并对失败负责的意愿。

一般人可能没有意识到,有些问题最好不要问,因为它们不能加深对候选人或其反思能力的了解。有些问题则可能过于明显,每个候选人都会有所准备,得到的无非是些稀松平常的答案。引导性问题也应避免。如果问人们是否有"很多同情心"或"良好的管理技能",几乎每个人都会回答"有"。要深化对候选人的了解,最好是问与核心选择因素相关的开放性问题,让他们举例说明,并将候选人的回答与自己的观察结果加以比较。

✦ 延伸阅读

专著

- Dave Crenshaw(2008). *The Myth of Multitasking. How "Doing It All" Gets Nothing Done*. Jossey-Bass.
- Edward. M. Hallowell(2007). *CrazyBusy: Overstretched, Overbooked and About to Snap*! Random House Publishing Group.
- Shally Steckerl(2013). *The Talent Sourcing & Recruitment Handbook*. WEDDLE's.
- Ceri Roderick & Stephan Lucks(2010). *You're Hired! Interview Answers: Brilliant Answers to Tough Interview Questions*. Trotman.

论文

- Laszlo Bock(April 7,2015). "Here's Google's Secret to Hiring the Best People." *Wired*. https://www. wired. com/2015/04/hire-like-google/Extractfrom his book *Work Rules*！（2015）.

- Ben Slater（April 28,2016）. "5 Interview Questions That Actually Help You Hire."
- Eremedia. https://www. eremedia. com/ere/5-interview-questions-that-actually-help-you-hire/.

步骤 4. 使用加权反馈表

对于任何一个岗位上人才的甄选,雇主都会设定几个核心要素作为评判标准。了解雇主最关心的问题以及是如何设定这些选择要素的,可以帮助人才判断自己是否是适合的人选。同时请记住,不适合某个职位,并不代表不是另一个职位的理想人选。下面就一起来学习雇主是如何设定人才甄选的评判标准的。

> "改变看事物的方式,所见的事物就会不同。"
>
> ——韦恩·戴尔（Wayne Dyer）,作家及精神治疗师

在招聘领域工作多年后,我逐渐体会到,适当的理论背景和充足的实践经验,可以提高人们的甄选技能。除此之外,做好招聘工作所需要的,还有对招聘工作的兴趣,外加对甄选过程中几个关键步骤进行探索的意愿。这些步骤大多不是什么高科技。不过,有 2 个因素确实较其他因素需要得到更多的关注。

我们已经在步骤 2 中讨论了其中之一——动机需求。想要大概了解人们的行为动机并不难。难的是深刻领会主要社会需求的作用机

制。要理解权力需求的 4 个阶段，着实需要严肃认真、心无旁骛的思考。第二个需要更多关注的因素，是选择标准的权重。所谓选择标准，就是那五六个品行，前一章中，已经讨论过的有个性特征和动机需求。这些标准由甄选团队群策群力制定，是焦点面试的基础。

标准的重要性不同

招聘员工来填补职位时，甄选标准的重要性或说服力有大有小，所以一定要进行加权处理。最好是在面试前拟定甄选标准时，就同时确定其权重。这时候进行加权，是因为人们还清清楚楚地记得自己的推理和思量，所有相关的人都还在场。为了能给各标准以适当的权重，除了相关的经理之外，一定要让新雇员未来的直接同事和团队成员也参加讨论。要求招聘小组成员按 1 到 5 的权重，把拟填补职位的关键成功要素，按重要性上升的顺序依次排序：1 是最次要的要素，5 是该职位必要的先决条件。

一般来说，这些要素中，2～3 个会得 5 分。最好是刻意要求打分者把各要素明显区分开来，避免给其中大部分要素平均权重。要素中有 2 个只得 1 或 2 分，是最理想的。刚开始打分时，人们会觉得很难拉开要求或标准之间的权重差距，也不能很快达成共识。

但是，如果不达成某种程度的共识，就无法进行寻访和招聘。这经常导致人们完全放弃加权的想法，直接使用拟定的标准。

我认为，至少要对甄选标准进行分类，并对它们的权重稍加区别。有些公司是这样做了，但通常只是将甄选标准分为必要标准和可有可无的标准。多年来的经验告诉我，分 2 类是不够的。我认为应该把必要标准再分为 2 个子类别，稍后我将详细讨论。还有一个重要步骤，是在甄选标准中，补充绝不录用的硬指标。我曾遇到过几位完全符合各项要求的候选人，但我无论如何也不会把他们介绍给我们的客户。原因是，他们在面试过程中，表现出了妨碍其被录用的品质——他们或者缺乏诚信，或者似乎不可托付重任，或者有爱惹麻烦的个性。

在工作中，我把相关标准分为 3 类：

- 根本要素或不能妥协的要素；

- 障碍或否决要素；

- 核心选择要素，即最关键的选择标准。

根本要素

若是 10 年前，考虑应聘者应该满足的要求，我会把它们分为"必要条件"和"可有可无的条件"。然而，我现在意识到，这种分法大多数情况下都不够精细。我决定做一些改进，于是，就该课题，我与业界许多专家进行了讨论。给我印象比较深的一位专家，是约翰·比森（John Beeson），他是美国执行教练和管理大师，对这个课题进行过细致的研究。我是 2012 年在纽约遇到他的，他的书《不成文规则：升迁至管理级别所需的六项技能》（*The Unwritten Rules：The Six Skills You Need to Get Promoted to the Executive Level*）要出荷兰版，我为了该书的简介去拜访他。我们就如何对标准进行分类展开了丰富而生动的讨论。在他的书中，比森把必要标准分成 2 个不同的类别：不可妥协的或根本要素和核心选择要素。他认为，分类必须从根本选择要素开始，这些是权衡候选人是否满足职位要求必须斟酌的。例如，如果某人的履历不够辉煌，或其诚信、道德和品格方面有欠缺，那么他/她就没有资格就任领导职位。任何首席执行官或高级管理工作，都会要求履职人员在遇到困难时，表现出勇于担当的魄力和情怀，并在必要时，欣然承担更多的责任。候选人愿意做出艰难和不受欢迎的决定吗？他会对这样的决定承担全部后果吗？这些都是根本要素：如果连这些要素都不具备，说明候选人不合格，就没必要再进一步考虑其他选择要素了。

障碍

找出候选人在面试中不愿透露的那些内容，也很重要。我的意思是：要找出那种一经发现就失去资格的障碍，即使候选人满足所有其他要求，也无济于事。比如，对于一个领导职位或一般管理职位，社会技能薄弱就要不得,不能做演讲也不行。或者如果一个候选人有自恋狂的特征怎么办? 这样的人最终会让自己的利益凌驾于公司利益之上。不管这个人在其他方面多有天分,自恋都是一个致命的缺点,必须淘汰。缺乏诚信也是如此。只要候选人存在某方面的障碍,就算他在其他所有方面都取得了完美的成绩,也应立即取消进一步考虑的资格。因此,所用的反馈表最好包含加权的标准,外加一个用于衡量障碍的标准。表3.3是一个符合上述要求的反馈表样本(附录2中,提供了更加详细的版本)。

表3.3　反馈表模板

候选人姓名: 日期: 面试官:	权重:	候选人得分:
根本要素:有关该选择因素的期望和要求的具体描述	不可妥协的	
标准1:有关该选择因素的期望和要求的具体描述	权重1～5,5最重要,1最不重要	
标准2:有关该选择因素的期望和要求的具体描述	权重1～5,5最重要,1最不重要	
标准3:有关该选择因素的期望和要求的具体描述	权重1～5,5最重要,1最不重要	
标准4:有关该选择因素的期望和要求的具体描述	权重1～5,5最重要,1最不重要	
标准5:有关该选择因素的期望和要求的具体描述	权重1～5,5最重要,1最不重要	
标准6:有关该选择因素的期望和要求的具体描述	权重1～5,5最重要,1最不重要	
得到职位的障碍(否决因子),如自大及离群	免除资格的条件	
面试官附加评语		

核心选择要素

除以上要素外，约翰·比森和我都补充了第三类要素，即核心选择要素，也就是那些最终决定谁能得到工作机会的关键能力：包括决策能力、个性特征和动机需求。你可以把这些标准作为起草结构性面试的基础。如果招聘的是高层管理者，那么核心选择因素之一，就是挑选最优秀的人才，组建高效的管理团队的能力。所有的首席执行官或管理者，都要把建设高效的管理团队视为自己工作的重要组成部分，尽管该工作事实上是交给较低的管理层去做的。评估管理职位候选人的另一个核心选择要素，是调动或激励他人的能力。还有一个因素是战略思维能力。单纯地提出这些标准还不够，还要对它们进行定义。毕竟，到了工作中，不同的人对"人员管理者""分析型头脑"和"战略制定者"等词语的理解是不同的。

对这些核心选择要素的要求必须加以具体说明，同时要避免使用"平和的经纪人""团队合作者"或"精力充沛的经理"等意义宽泛的术语。否则，在面试中评估候选人的具体工作表现时，会发现不清楚这些选择标准到底指的是什么。

选择人才的三类因素

（1）**根本的或不可妥协的要素**：指某职位要求候选人必备的因素。其中之一是品德，另外还包括正直和鲜明的性格。对于高级管理岗位，还可能要求候选人有承担附加责任的能力，或者做出艰难决策的本领及相应的责任感。

（2）**障碍**：与根本要素相反，这些是候选人不应该有的特征。候选人可能具备很多根本要素及核心选择要素。但是，如果候选人触碰了被视为障碍的标准，就要坚决否决掉。就是这样。发现自恋者就应该立即淘汰；把个人利益凌驾于公司利益之上的人，也

必须拒之门外。

（3）**关键或核心选择要素**：这是候选人必须达到的关键标准。例如，总经理必须有能力组建强大的管理团队，能够启发和鼓励员工，或者是优秀的战略家。

我和同事都赞同约翰·比森的观点，认为选择标准应该包括核心选择要素，但我们认为对有些要素的评估，应该留到后面的阶段去做，因为我们发现，面试过程无法评估候选人的诚信、性格和品德特征。我们更倾向于通过其他途径，对这些关键要素加以评估。如深入调查候选人的诚信度，通过背景调查了解详细情况，并细致考查候选人的动机需求。再通过反馈表，对其他两个选择要素进行评分。然后，再评价可能妨碍候选人顺利完成工作的障碍。在实践中，将标准分为不可妥协要素、障碍及核心选择要素三类，再对各标准进行加权，也是一个好办法。附录 2 中的反馈表就是为这个目的设计的。

透明的选择标准

将选择标准仔细地进行分类，不仅有助于区分标准的轻重，还迫使人们考查候选人是否具有妨碍其胜任某职位的品行。另外，这样做能更好地向公司内、外的应聘者解释他们不胜任这份工作的理由。这使得甄选过程更加透明，有助于避免主观性或裙带关系之嫌。

将甄选标准加以分类还有一个优点，即甄选委员会和参与决策的其他人必须密切关注不可妥协的标准。我们办公室遇到过几次这方面的问题：客户认为自己达成了共识，但实际上在某些因素上，他们没有达成共识。他们心中的工作描述是不同的。出现这种情况，人们就不太可能得出相同的结论，所以大家只好从头再来。有时，对标准的描述会完全改写工作描述。我清楚地记得为一家国际运输公司寻访营销经理的事。在与他们一起制定焦点面试的标准时，我们发现他们实际上需要的是一名业务开发经理。寻访新员工时，需要做深入研究，发现职位的实质，找出不可妥协的标准，并说明制定这些标准的原因。

要为需填补的职位定义 5～6 个终极标准（即几个不可妥协的要求），一开始可能会有些难度。

设计包含有加权或分类标准的有效反馈表，是一个重复提高的过程。随着制定标准及确定权重的经验的不断积累，对标准的理解也越来越深入。这种"逐渐加强"的技能，就是敏捷工作方式的完美诠释：**即进行大量的尝试，去粗取精**。在反复尝试时，根据经验和最新信息，不断调整自己的方法。

"盲分析"法

为了提高反馈表的敏捷性和客观性，制定标准及决定权重的人与进行面试的人，应该是两组不同的人。物理学家称这种方法为"盲分析"。它能够减少偏差和偏见。

甄选敏捷人才

关于如何甄选人才，暂时就讲到这里。下面讲如何保证甄选到敏捷人才。要想让结构化面试和适当的反馈表更适合敏捷人才的甄选，至少要采取两个重要措施。第一个措施似乎完全违反了关于人才甄选的现有理论。不过，我还是建议。你要做到以下两点。

（1）不要仅根据应聘者现有的能力和知识来进行甄选，还要考查他们欠缺什么。可用的标准包括：对新事物有开放性，即有能力快速掌握不熟悉的技能——尤其在现有的技能和知识不起作用的情境下。另一个标准，是跻身于以不断演变的精英体制为基础的、跨学科、无层级的团队中时,能提升自我价值并坚持自己立场的本领。

(2)反馈表中一定要包括相应的标准,用于衡量人们对完全陌生的情况和困境的反应。我能想到的标准有:强烈的好奇心、坚强、韧性、创造力、激情和干劲。

按 10 分制打分

要求面试官在反馈表上做简洁而详细的笔记,这是分析候选人为什么满足某些要求的最好方法。候选人最终的分数是从这里得来的。当然,面试官决定分数时所给出的数字,应体现重要标准的重要性。打分要尽可能符合实际。对面试官要求要严格,防止出现许多人打平均分或中间分的现象。几十年来,我们一直用 10 分制给候选人打分。你可能会认为,不同的面试官打分会截然不同。事实上,我们公司经验丰富的合作伙伴和顾问,打分差距很少超过 0.5 分。当分数为 8 或更高时,差距会更小。因此,反馈表是关键,因为它迫使你根据预先确定的最相关的要素来做决策和打分。此外,观察人才这件事,是实践出真知。进行多轮面试,每轮面试官都有不同组合,最终才可能得到可靠的平均分。

> "有了焦点面试和适当的面试反馈表,就有了强有力的工具,可以得出关于某候选人是否胜任某个职位的建设性反馈,并对候选人进行客观的比较。"

必须高标准、高要求,而且公司内部必须就工作职位的最低要求达成共识。我们这样做了几十年了。我们的创始合伙人约翰·德弗洛伊德(Johan De Vroedt)喜欢说:"我们从事的是高分行业,十分要得八、九分，绝对不接受六、七分。"他坚信对少数平庸候选人的宽容会引发连锁反应。因为平庸的员工在选择新同事的时候，常常会选择跟自己一样的平庸之辈。他的金科玉律，意味着我们的面试官绝不会考虑挑选那些综合得分低于 7.5 分的候选人，也不会把他们推荐给我们的客户。公司选择人才时，建议遵循德·弗洛伊德的格言：要有勇气，让你的选择成为一个宣言。最重要的是：避免给所有的候选人友好而不得罪人的平均分数。给高分当然不意味着你是精英论者。毕竟，最终的分数仅仅反映了候选人对这份工作的适合程度。虽然在这个职位上得分低，但换一个职位，他们可能就是完美的候选人。

延伸阅读

专著

- John Beeson（2010）. *The Unwritten Rules. The Six Skills You Need to Get Promoted to the Executive Level*. Jossey-Bass.
- Laszlo Bock（2015）. *Work Rules! Insights from Inside Google That Will Transform How You Live and Lead*. Hodder & Stoughton.
- Daniel Goleman（2013）. *Focus. The Hidden Driver of Excellence*. Harper Collins Publishers.
- Eric Schmidt & Jonathan Rosenberg（2014）. *How Google Works*. Grand Central Publishing.

论文

- Laszlo Bock（April 7, 2015）. "Here's Google's Secret to Hiring the Best People." *Wired*. Extract from his book *Work Rules!*（2015）https://www.wired.com/2015/04/hire-like-google/.

第 4 章

阶段 2：选择

图 4.1　阶段 2：选择

在这部分，我还是讨论一些人们未予以足够重视的话题。阶段 2 是关于如何选择人才的。准备阶段收集的工具和知识，现在要派上用场了。前面已经设计了一个反馈表，其中有五六个标准，所有面试官一致认为，这些标准是明确的，无可争辩的。选拔小组已经组建好了，其中包括直线经理，一个招聘专家或人力资源部的人员，以及拟聘人员未来工作中紧密相关的一个或几个同事，可能还有一些下属。如果决定包括后者，一定要避开对该职位有企图心的人，否则，会导致选拔小组的判断缺乏客观性。最后，还可以仿照谷歌的做法，邀请一位其他领域的员工，加入选择团队。

选择路径已经设计完毕，将由若干轮面试组成，每轮面试由不同的面试官负责。在面试过程中，如果面试官没有做笔记，应该在结构化面试结束后立即补上。面试官应填写反馈表，并按 10 分制给每个候选人打分。为了防止相互影响，在这个阶段，要严格禁止面试官交流对候选人的评价。在选择过程末尾，要召开专门的会议，对于通过各种选择工具得出的结果进行评估。然后，就到了做决策的时刻。

步骤 5. 了解候选人的背景情况

雇主在甄选人才时除了按前文步骤 2 所阐述的基于能力、动机及身份的选择外，还希望了解人才的工作和个人生活的环境背景，从而判断人选是普通人才还是优秀人才。下面我们来了解这方面的信息。

"如果房间里你最聪明，那么你肯定是进错房间了。"

——迈克尔·戴尔(Michael Dell)

面试官都希望清楚地了解候选人及其个性。这是选择人才的一个组成部分，其另一个方面是仔细调查候选人的背景。关于候选人的背景，应该调查以下两项：

- 候选人的专业背景：他们的团队有哪些成员？其扩展专业网络由哪些人组成？
- 候选人的个人背景。

候选人的专业背景

要区分普通人才和优秀人才，一个最好的办法，是仔细观察他们周围的那些人。英明的领导者和管理者绝对不会忘记，他们需要依靠周围的人来实现卓越、宏伟的公司目标。因此，他们会雇用最睿智、最优秀的人才。

我们公司选择人才时，不仅关注候选人本身，还会密切关注他们在当前工作中雇用的那些人。候选人的同事和直接下属在技能和成就上是否与候选人不相上下，甚至超越候选人？他们交往的专业人士有哪些？这些问题极为重要，因为候选人选择的员工的等级，反映了候选人的优劣！

20 世纪的广告大师大卫·奥格威（David Ogilvy），其职业生涯中很大一部分从事的是人才管理工作，他是一位出色的面试官。他说真正的人才喜欢把成就斐然的人聚集在自己周围，由其填补自己专业知识的空白，并发现需要改进的领域，他的话让我受益匪浅。他是这样说的："首先，让别人知道你是一个有创造力的天才。第二，把比自己出色的伙伴聚集在周围。第三，让他们自由发挥其才智。"我觉得这是金玉良言，即使尚未成为人所共知的创意天才，也应该照他说的去做。

对于奥格威来说，理想的公司结构，就像俄罗斯套娃（见图 4.2），是一个不断壮大的伟人集合。如果有足够的勇气去雇用那些比你更强大或优秀的人，你终将拥有一个巨人公司。

图 4.2 俄罗斯套娃

有些人可能会对这一原则不屑一顾，认为很多 CEO 和高层管理人员很有天赋，但他们都执意选择弱势的员工为其工作，因为这样比较好管理，没人会生事端。除了极少数例外，这样的管理者都是我之前所说的太阳王：他们希望自己周围的人乍一看似乎很有本领，实际上却只不过是俯首帖耳的跟班和言听计从的执行者，完全受控于老板。我认为最近的大规模企业内爆事件，主要是这类 CEO 造成的。要不惜一切代价，避免雇用这样的候选人，不论他们以前在哪里工作，或者在其他方面有多大才能。

候选人的个人背景

把自己的工作和个人生活分开似乎是理想的状态，但在当今这个世界里，生活的不同领域越来越融合，想把两者分开几乎是不可能的。因此，可以调查候选人的私生活，透过其家庭生活的丰富信息，了解其工作表现。当然，没有事先的许可，不可随意调查候选人的个人生活。但是，可以在面试时，直截了当地问候选人一些个人问题，或者在甄选过程中，巧妙地问及候选人的配偶或伴侣。但要确保不违反所在国家的相关法律法规。此外，不可让候选人感到，自己是在被迫回答这些问题；必须在甄选过程中，保持审慎和透明，避免问一些明显具有侵略性或不尊重他人的问题。

经常有一些才华横溢、志向远大的同事，工作上却不能应付自如。原因很简单，他们的配偶并不完全支持他们的事业。反之亦然。我记得有一个能力平平的候选人，却俨然是一个人际关系网络的佼佼者。不知道的人都以为他神通广大，为无数商界领袖提供了相识的契机。实际上，他之所以能如此风光，是因为他妻子长期居于外交官的职位，为他的引见活动提供了便利条件。他们离婚后，他的人际网络就崩塌了。

"我注意到，普通人能取得的成就和精英能取得的成就
之间，最大的差距可达 50 或 100 比 1。 鉴于这一点，显然
应该雇用精英中的精英才对。"

——史蒂夫·乔布斯(Steve Jobs)

结论

为了从各个可能的角度审查候选人，必须关注他们的全部背景：
职业上及个人生活中，他们和哪些人来往频繁？ 他们是那种有主见、坚
持正确的行动方针并能提供严肃反馈的人，还是那种只会唯命是从的
人？ 反过来讲，优秀的候选人也明了，只有鼓励员工畅所欲言的公司，
才是充满活力的工作场所。

"如果每个人都雇用比自己弱小的人，我们将成为一个
矮子公司。 相反，如果每个人都雇用比自己强大的人，我
们将成为一家巨人公司。"

——大卫·奥格威，广告和营销大师

✦ 延伸阅读

专著

- David Ogilvy（2012）. *Confessions of an Advertising Man.*

Southbank Publishing.

● Bethany McLean & Peter Elkind (2004). *The Smartest Guys in the Room*: *The Amazing Rise and Scandalous Fall of Enron*. Portfolio Trade.

论文

● "The 10 Worst Corporate Accounting Scandals of All Time." Infographic. http://www.accounting-degree.org/scandals/.

步骤 6. 考查学习敏捷性

我们所处的世界随着技术的飞跃发展变化得越来越快,新的挑战不断涌现,能否适应未来的发展关键在于学习能力和反思能力,即学习敏捷性,这也是衡量顶级人才的重要指标。现在,越来越多的雇主认识到敏捷人才对于企业的成功至关重要,在甄选人才时会重点考查其学习敏捷性。下面将从雇主的角度来阐述这一点。

"学习敏捷性是衡量顶尖人才通用的重要指标。 它与适应性一起,构成创新领导力和敏捷人才的基本特征之一。"

尽管招聘人员喜欢有着多年相关工作经验的人,但长期的工作经验并不是终极目标。克劳迪奥·费尔南德斯-阿劳斯(Claudio Fernández-Aráoz)2014 年发表在《哈佛商业评论》上的研究结果表明,

131

经验固然重要，但这个重要性一直以来都被高估了。近年来，其他关键绩效指标，包括正确的动机、敏锐的头脑、献身精神、决心和对新事物的开放心态，逐步受到人们的重视。这一进步让我感到欣慰，不过我认为，仅仅根据这些品质来选择人才，仍旧不会取得成功。

在这个不断变化的世界里——其影响史无前例——职位本身也在不断演变。公司不需要知识落伍的员工。无论是工作还是投资，过去取得的成绩，不能保证未来会取得同样的成绩。有些人可能在某份工作中取得了伟大的成就，但是，如果他们不及时更新知识，仍旧会被时代所抛弃。

在不远的将来，想要根据候选人现有的技能和经验做选择，并指望他们在新的工作岗位上表现出色，是绝对行不通的。必须把注意力转向寻找适应未来发展的员工。鉴于企业对敏捷人才的依赖性逐步增强，成功应对未来需求的唯一途径，就是解除对员工的束缚。于是，选择合适的人才——即适应能力强、会变通、能在全新的环境中学习的人才——就变得极其重要了。在本章后半部分，我们会讨论反思以及积极、建设性的自我批评的重要性。适应未来发展的人才的优秀品质，如好奇心、应变力、适应性和学习敏捷性，通常要在与传统的做事方式（所谓"我们的公司文化"）的碰撞中发挥作用。本章将重点介绍学习能力和反思能力，因为它们对敏捷人才未来的成功，起着至关重要的作用。

什么是学习敏捷性？

学习敏捷性是一种心理特征，即一个人愿意并能够从新的经验中学习，然后将学到的知识应用于无法预见和具有挑战性的场合。逆学习（unlearning）的能力，即摈弃熟知的观点及工作方法的能力，是学习敏捷性的一个重要维度。

学习敏捷性得分高，表明候选人在陌生的环境下，可以学习得更多、更快。他会主动要求反馈，寻找新的挑战，并且擅长在不熟悉的事物中发现规律。

> "学习敏捷性是指从经验中快速、持续地学习的能力。
> 这意味着放弃过去已有的成功经验。"
>
> ——莫妮克·瓦尔库(Monique Valcour)

我相信学习敏捷性是预测领导和管理者在未来动荡的新世界中能否成功的终极因素。因此，在高管寻访工作中，除了考查经验和技能等标准外，人们已逐步开始根据职位及工作环境背景，补充其他考查标准(如个性和学习敏捷性)。在步骤 2 的章节中提供了大量有关这方面的内容。

约翰·沙利文(John Sullivan)，是一个蜚声国际的硅谷人力资源领导者。他认为，学习敏捷性，已经成为快速发展的商业界的终极区别性特征。拉兹洛·博克(Laszlo Bock)持同样的观点。他说，在谷歌看来，学习敏捷性是预测未来成功与否的主要因素，而像智力和教育这样的因素则无法与之相提并论。学习敏捷性是候选人难得的品质。光辉国际副总裁肯尼斯·德梅兹(Kenneth De Meuse)估计，只有 15％的员工具有出色的学习敏捷性。此外，企业领导委员会的研究表明，在当前工作上绩效高的员工，有潜力在更高职位上表现出色的，不超过 30％。因此，在焦点面试、背景调查，以及测试或评估等甄选阶段，一定要考查学习敏捷性。

为什么学习敏捷性至关重要?

学习敏捷性空前的重要性是由若干原因造成的。以下是其中两个。

(1) 技术的飞速发展要求人们不断进步，故而对学习敏捷性提出了严峻的要求。由于发展从未减速，人们如果想跟上就必须提高自己。历经考验的**彼得原则**说，人们会不断升迁，直到能力无法胜任为止。不久前,我用我所谓的查尔斯原则(取自查尔斯·达尔文)对彼得原则进行了修正。我所谓的查尔斯原则是说,那些不能不断自我完善的人——不能根据需求的变化进行自我调整的人——连正在做的工作也无法胜任,必将在商业领域的生存竞争中败北。前光辉国际高管肯尼斯·德梅兹也发明了一句类似的格言,他称之为"保罗原则"。

(2)世界各地正在急速地加强着相互间的联系,即使英国脱欧也阻挡不了这个势头,而全球化则要求发展和学习敏捷性。历史上从来不曾有这么多企业在全球范围内拓展国际市场业务,更多的资讯也意味着更强的复杂性。现在,企业在不同的文化中运作,与多种语言文化进行交流,并且要应对各种立法和贸易协定。国家和文化差异以及上述世界格局变化造成的影响,要求管理人员和工作人员必须接受培训。要想有机会击败竞争对手,而不是勉强跟上对手的节奏,就必须有快速学习的能力。换言之:快速学习的重要性正在逐步超越知识本身。

"彼得原则是说,人们通常会不断升迁,直到其能力不及的岗位。不久的将来,这一原则将被查尔斯原则所取代。后者是说,除非人们能够不断地进步,否则连手头的工作也无法胜任。"

学习敏捷性评估

衡量学习敏捷性的一个办法,是在评估中,让候选人身处全新的情境,观察他们要用多少时间才能学会应对新局面。另一个办法是进行在线评估。该领域的评估工具多种多样,其中之一是 HFMtalentindex 和光辉国际所使用的模型。这个模型通过 4 个独立的因素和 1 个涵盖一切的因素(自我意识)来衡量学习的敏捷性。最后这个因素强烈影响其他 4 个因素。这些因素是：

(1) 变化敏捷性。候选人喜欢变化吗？他/她对尝试新事物感兴趣吗？变化敏捷性高的人，一般热衷于经历新事物和探索未知世界。

(2) 结果敏捷性。候选人是否能在看似奇怪、陌生和困难的情况下实现目标？结果敏捷性高的人通常专注于并受制于成就需求。他们一般很自信、雄心勃勃，不会被困境吓倒。

(3) 人际敏捷性。候选人是否能够与各种各样的人打交道？人际敏捷性高的人，对持不同观点、来自不同背景的人，抱着开放的心态。他们渴望深入了解他人，能轻松地适应不同的环境或文化。

(4) 思维敏捷性。候选人是否能够找到新颖或独特的解决问题的方法？思维敏捷性高的人经常会突发奇想，喜欢异想天开。他们比其他人更擅于在新情境中发现规律。

(5) 自我意识。对自己的长处、短处和需要改进的方面，候选人是否有清楚的、实事求是的看法？具有高度自我意识的人，清楚地了解自己的优缺点。他们追求自我完善，渴望加深对自己和周围世界的理解。高度的自我意识，可以弥补学习敏捷性其他方面的不足；低水平的自我意识，则可能会产生相反的效果。显然，一个抓住一切机会克服自己弱点的人，要比一个自以为完美无瑕的人，学习效率更高。

在面试中考查学习敏捷性

衡量学习敏捷性的最佳方法，是使用专用的评估工具。但是，在面试期间，也可对学习敏捷性进行初步的评价，至少可以做到以下 5 点。

(1) 浏览简历中的学习敏捷性指标。学习敏捷性高的候选人，经常会在简历中举一些例子，来说明他们可以轻松地学习。他们可能会描述所完成的具有挑战性的项目，这些项目迫使他们走出舒适区。他们能毫不费力地解释从这些挑战中得到的经验教训。在简历中读到这些成就，你可能会对候选人的学习敏捷性感到很满意，但不可照单全收,要对这些成就进行核实——以确保候选人自称的强大学习敏捷性以及对陡峭学习曲线的追求,与事实相符。

马塞尔·列维(Marcel Levi)是一名内科医生,也是著名的伦敦大学学院附属医院的首席执行官。他曾经跟我讲过,他的导师简·沃特·坦凯特(Jan Wouter Ten Cate)教授喜欢让他承担重大项目和责任,故意让他措手不及。有一次,坦凯特要去哥本哈根为一些著名的医学专家做讲座,但中途他突然决定让列维替他去。列维为此废寝忘食了两个星期,最后他完成了讲座任务,并发现这是一次难能可贵的学习经历。坦凯特是一位优秀的导师,他督促列维这个年轻医生加深对枯燥的学科(如统计学和流行病学)的了解,并让他去牛津大学读一年微生物学来拓宽视野(列维至今都很珍视这次经历)。尽管列维决心要做医生,但在十几岁时,也上过餐饮服务课! 回顾自己多样的职业生涯,列维能确切地描述,自己为何觉得某些活动具有挑战性,同时具有很强的教育意义。多年来,列维都是同时承担多种职责:教学、兼职内科医生、管理大学医院和担任首席执行官。他对病人的需求感同身受,能与他们平等地交流。作为医院主管,他能够与医学同行们轻松地讨论各种各样的话题。

(2) 考问"排序"。针对工作职位,列出你认为至关重要的 5～6 个标准,让候选人对这些品质进行排序。将该候选人的排序与其他候选人的排序进行比较。(所有候选人都会首先列出自己最突出的特征。他们最大的优势是什么? 公司一旦雇用他们,可因此获得的最大利益是什么? 候选人很可能给出如下答案:策略思维能力、强大的实施技能、优秀的管理者、让利益相关者有参与感的能力、践行敏捷学习法的能力、丰富的行业经验。）如果候选人排在前三的标准中，没有任何一项涉及敏捷学习能力，则需要引导这个健忘的有志候选人来深入探讨该话题。如果这样还是不能在候选人身上看到明显的学习敏捷性，无疑是要扣分的。

（3）考问学习目标。让候选人描述，他们认为自己在新工作中，主要的学习目标是什么。他们计划在前 100 天和前 6 个月，分别学习什么？并不是只要能正确地确定学习目标就万事大吉了。优秀的人会开始设想他们的角色意味着什么，以及他们需要采用何种相关的新技能。积极作为，加上为实现目标拟定的翔实计划，是学习敏捷性的首要标志之一。

（4）考问面试准备。我经常注意到，具有非凡学习敏捷性的应聘者，往往有非正统的面试准备方式。他们无一例外，都不满足于谷歌上敷衍了事的搜索或是对公司网站的粗略浏览。因此，如果发现候选人对公司有所了解，一定要询问他们是从哪里得到这些信息的。学习敏捷能力强的人，通常都对公司做了广泛深入的研究。他们的信息来源可靠，并且会通过与近期离开公司的前高管或其他利益相关者交谈，获得常人不了解的信息。这样，他们就能跟面试官讲有关公司的内幕消息，得到面试官的分数嘉奖。

（5）让候选人做一个陌生领域的案例研究。初步了解候选人学习敏捷性的另一种方法，是让他们做陌生领域的案例研究。我喜欢让候选人在我们办公室完成这个包含两难处境的案例。为什么呢？因为若非如此，到头来评价的可能是不相干的人（候选人乐于助人的朋友们）的学习敏捷性。

鉴于学习敏捷性越来越重要，我强烈建议所有客户在结构化面试中，都要将其纳入议事日程，并在反馈表上将其单独列出来。

"我们发现，学习能力是成功的主要预测因素——重要性高于智力和教育，排名第一。"

——拉斯洛·博克(Laszlo Bock)，谷歌前人力资源高级副总裁

反思

在我看来，反思值得单独关注。我在所有的面试中，都花大量的时间在这上面，强烈建议在敏捷人才寻访过程中，把它考虑在内。

意识到反思的重要性的首席执行官已经不再是少数了。以帝斯曼公司[①]的首席执行官费克·谢白曼(Feike Sijbesma)为例，在一次采访中，他与我分享了一个有趣的事实：帝斯曼高潜力人才库中的每一位才华横溢的人都必须具备反思这种不可或缺的素质。如果他们不能接受自己的评估中有几个严重的待改进的领域，他们就不能进入管理层培养程序。谢白曼解释说："只要有人轻视评估或在 360 度反馈评审中发现的薄弱点或需要关注的问题，我就会认为这是 个危险信号。任何一位真正伟大的领导者都会有强烈的反思倾向，总是愿意接纳建设性的批评并审视需要改进的领域。伟大的领导者永远不会停止学习新技能，他们能敏锐地意识到自己的不足。"

我认为帝斯曼公司高管的说法是正确的，因为这与我自己的经验相符。最优秀的候选人都有一张自己的优点清单，外加所取得的成就作为这些优点的确凿证据。此外，他们也能描述自己职业生涯中所学最多的时刻，并能阐明自己的兴趣与行动是如何相辅相成，帮助自己获得了重大的晋升机会。主动反省，坚信每个人都有改进的空间，是优秀

---

① 帝斯曼是一家总部位于荷兰的全球生命科学和材料科学公司，致力于健康、营养和材料领域。

候选人的第二天性。

他们的优点使他们自信，并使他们勇于坦然地承认自己所欠缺的技能和特征。

自动实时反馈

培养内省能力的一个有效方法是主动邀请他人提供反馈。那些具有高度学习敏捷性的人通常已经这样做了。可以肯定的是，传统的方法是有效的，不过现在也有自动反馈机制。

例如，TruQu，就是一个生产反馈软件和专用反馈应用程序的欧洲公司。利用这些产品，公司内部员工可以不断地要求反馈，并给予反馈。因为有 TruQu 的软件，人们现在有机会通过非正式地收集反馈和做出反馈，不断地学习和提升自己。反馈信息可能来自同事、经理或客户。此外，还可以通过该应用程序表扬他人。这是一个增强认同和参与意识的途径。通过软件，员工之间可以在技能和特长方面相互取长补短。甲和乙，可能因为其中一个人在特定领域的技能更加突出而结成对子。这意味着人们能够从堪为自己师表的人那里获得反馈信息，从而极大地提高公司内部的适应性和学习敏捷性。总之，健康的反馈文化，可以通过相互帮助，使员工提高未来的绩效。

结论

反思不仅对个人发展至关重要，而且是现代领导的先决条件。没有自我意识，就不能成功地管理他人。经常反思是提高自我意识的最好方法，是更加清晰地了解自己优缺点的最佳途径。反之，对自己的盲点视而不见，则可能会导致巨大的失败。

要想提高自省能力，必须经常评估自己的进步和进步过程中学到的东西。事情的结局出乎你的预料吗？今后应该如何运用所学的知识来取得更好的成绩？他人赞同你对自己的评价吗？

当然，一些传统的方法仍旧可以用来加深自我意识——历久弥新的简单方法，是向人们征求反馈意见。或者使用最新的 IT 解决方案得到他人的实时反馈，从而得到一些有关自己的、靠"内部"感知无法了解的东西。

延伸阅读

专著

- Linda S. Gravett & Sheri A. Caldwell (2016). *Learning Agility. The Impact on Recruitment and Retention*. Palgrave Macmillan.
- George Hallenbeck (2016). *Learning Agility. Unlock the Lessons of Experience*. Center for Creative Leadership.

论文

- Kenneth P. De Meuse (2011). *What's Smarter Than IQ? Learning Agility. It's No. 1—Above Intelligence and Education—in Predicting Leadership Success*. The Korn Ferry Institute. https://issuu.com/kornferryinternational/docs/what_s_smarter_than_iq.
- Kenneth P. De Meuse, Guangrong Dai & George S. Hallenbeck (2010). "Learning Agility: A Construct Whose Time Has Come." *Consulting Psychology Journal: Practice and Research*, vol. 62, no. 2, pp. 119 - 130.
- Claudio Fernández-Aráoz (June 2014). "How to Spot Talent (Hint: Talent is Overrated)," *Harvard Business Review*. https://hbr.org/2014/06/21st-century-talent-spotting.
- J. P. Flaum & Becky Winkler (June 8, 2015). "Improve Your Ability to Learn." *Harvard Business Review*. https://hbr.org/2015/06/improve-your-ability-to-learn.
- Koen Hofkes & Vittorio Busato (2015). *Learning Agility*. Whitepaper. HFMtalentindex. http://www.hfmtalentindex.com/en/learning-agility-white-paper/.
- Douglas LaBier (August 17, 2013). "Why Business Leaders Need to Build Greater Self-Awareness." PsychologyToday.com. https://www.psychology-today.com/blog/the-new-resilience/201308/why-business-leaders-need-build-greater-self-awareness.

- Jean Martin & Conrad Schmidt (May 2010). "How to Keep Your Top Talent." *Harvard Business Review* https：//hbr. org/2010/05/how-to-keep-your-top-talent.
- Adam Mitchinson & Robert Morris (2014). *Learning About Learning Agility*. Whitepaper. Center for Creative Leadership. http：//www. ccl. org/wp-content/uploads/2015/04/LearningAgility. pdf.
- Patricia Steiner (Augustus 2014). "The Impact of the Self-Awareness Process on Learning and Leading." *New England Journal of Higher Education*. http：//www. nebhe. org/thejournal/the-impact-of-the-self-awareness-process-on-learning-and-leading/.
- Monique Valcour (December 31，2015). "4 Ways to Become a Better Learner." *Harvard Business Review* https：//hbr. org/2015/12/4-ways-to-become-a-better-learner.

步骤 7. 离开舒适区——意想不到的魔力

外部世界变幻莫测，企业不断面临新的挑战。人才是否有能力带领企业应对意外困境？面试官除了希望知道候选人过往的经验外，还希望了解候选人离开舒适区后的表现，以此来考察其是否能在压力下保持镇定来处理无法预测的挑战。下面就让我们来了解一下雇主在面试时是如何将人选推出舒适区的。

> "故步自封，也许今天可以高枕无忧，但明天就会难以为继。"
>
> ——大卫·彼得森（David Peterson），谷歌高管培训与领导力总监

经验丰富的管理人员在职业生涯中会经历多次面试。他们熟悉整个过程，会留出充分的时间准备面试。面试时，轻松自如地讲完自己的长处之后，他们通常会安之若素地承认自己有一些尚待提高的方面。这样的面试看起来很好，但问题是，他们用了大量的时间掂量自己说什么内容。而潜在的雇主所要考查的应该是事先无法准备的东西——例如，候选人会如何应对以前没处理过、超出自己控制范围的情况？遇到反对意见时，他们如何处理？

> 有些人在被问及有哪些需要改进的弱点时，会闪烁其词。即便被再三追问，他们也无法抗拒"谦虚地自夸"的习惯，讲一些并非真正缺点的弱点。例如，一家公司的总经理会说，他略有些缺乏耐心来等待员工的工作出成绩。再比如，一个担负重组重任的经理说，同理心不是他的强项，如若是应聘一家行事风格雷厉风行的公司，他估计这个"弱点"会被看好。绝不能上这些谦逊的自夸者的当；要把这种类型的候选人从他们的舒适区引开，促使他们坦白究竟哪些方面有待提高。

出其不意的问题有奇效

坊间流行的看法是，面试只不过是供野心勃勃的候选人炫耀资历的选美比赛。如果面试官粗枝大叶，只满足于跟候选人友好地谈天说地，那么面试的确跟选美没什么差别。在招聘过程中的这个关键阶段，如果候选人没有被推出舒适区，那么公司就无从了解，他们是否有能力应对突发事件造成的巨大压力。

解决的办法是问候选人意想不到的问题。只需问候选人一些他们无论如何都不可能准备的问题，或者给他们一个从未见过的案例。然后，面试官坐下来观察他们如何应对就可以了。

有各种各样的问题可以问。根据我个人的经验，面试接近尾声时问意想不到的问题，时机最佳。等到候选人一点儿都不紧张了，觉得可以松口气了，这时可以突然问一个出乎他们意料的问题。

我的一位前客户讲过他把一个候选人推出舒适区的故事。当他还是麦肯锡公司的合伙人时，他面试了一位候选人，这个候选人知道用人单位对数字处理感兴趣并且偏好概念思维。面试进行得很顺利，气氛很融洽，双方相谈甚欢，两人聊起了共同的朋友和共同的兴趣——他们曾为同一个曲棍球俱乐部打球，他们的妻子曾是同一个女生联谊会的成员。一起度过愉快的一小时后，我的客户不经意地改变了话题，说他"还有最后一个问题"。他先把候选人的咖啡斟满，再递给他一盘饼干，然后漫不经心地问："你认为一架波音 787 梦幻客机能装多少个乒乓球？"

我的客户对答案的数学准确性并不特别感兴趣。他只是想知道，候选人会采取什么样的对策，特别是他会如何应对这个突如其来的非正统问题。他能保持镇定来处理这个无法事先预测的问题吗？他如何应对意外的困境？

拉兹洛·博克不赞成问这种问题。他相信这类问题对人们未来的工作表现几乎没有预测效度，他这样想也不无道理。然而，怪诞的问题有助于招聘者了解候选人应对压力的方式，特别是在出乎意料的情况下应对压力的方式。焦点面试中那些不可妥协的因素和其他选择工具，能显示候选人是否适合新职位，而这个意想不到的问题，则可以暴露候选人的个性。因此，我建议两者同时使用。

一架波音 787 梦幻客机能装多少个乒乓球？

意想不到的问题有多种变化形式。我们办公室的创始合伙人之一，约翰·德弗洛伊德，坚定地相信这种方法。作为一个有造诣的面试官，他会提出候选人做梦也想不到的古怪问题，并为这些问题造成的尴尬局面沾沾自喜。我还记得第一次见到他时他刁难我的情形。我当时要面试荷兰国家社会服务/就业中心总经理的职位，他是两位面试官之一。在面试期间，我们讨论了各种问题，如我的抱负、工作经验和个人发展等。

突然，我们面试的会议室里电话响了。其中一位面试官接了电话，结果是他认识的一位名人打来的。尽管打电话的是一个重要人物，我还是觉得电话不会讲很久——面试当中聊天可不合情理。可是，我真是大错特错。"没想到你会打电话，听到你的声音真是太好了。"接着他们就开始没完没了地聊私房话。他说话时倒是谨慎地侧过身去了，他们谈的都是私事——最近的假期、参观的博物馆，诸如此类。

一开始被迫成为这个电话的倾听者时，我感到非常不自在，坐在那里琢磨应该如何应对当时的局面。过了一会儿，我开始放松下来。虽然我远没有把控局势，但我还是设法使自己平静了一些。我面带笑意，瞥一眼桌子对面的两个人，向后靠在椅子上。

歪打正着，我不经意中正确地应对了当时的局面，电话交谈戛然而止——"我回头再打给你。"后来，其中一位面试官告诉我："我们寻找的不仅仅是正确答案，我们想根据你对异常情况的反应，决定你是否适合该职位。"（真相大公开——最终我们双方得出的结论是，由于我在竞争激烈的英语环境中工作太久了，因此不适合这份工作。但是，我见到了约翰·德弗洛伊德，还从这次面试中学到了一个有价值的面试策略。从那时起，我一直强调，面试要包括一个意想不到的问题或不可预见的场景。）

伴侣的看法

我最喜欢的策略之一，是看候选人的伴侣认为他们最好的个性特征是什么。在已经讨论了各种问题、面试接近尾声时，我喜欢问候选人，伴侣会怎么评价他们。与候选人共同生活的人，即最了解他们的人，对他们的才能有什么看法？他们的伴侣觉得他们哪些特征令人讨厌、难以忍受？不可思议的是，很多已婚几十年的候选人，当被问及"在你的各种品质中，你的伴侣认为哪几项使你与众不同？"以及"你的伴侣最讨厌你哪一点？"等问题时，都会一脸茫然。有趣的是，问"配偶认为你擅长什么"和问"你认为自己擅长什么"这两个问题的时候，得到的答案通常是不一样的。这些问题当然没有完美的标准答案。但如果候选人不知道配偶的想法，这就说明一些问题。两个人根本不交流吗？候选人对配偶的意见感兴趣吗？他是不是总是一味地表达自己的观点而不倾听别人的意见？对他人的意见兴趣索然或没有兴趣的人能胜任领导工作吗？当然，不能把这些问题的答案割裂开来考虑，要把它们与所使用的其他甄选工具综合起来考虑。

"在你的各种品质中，你的伴侣认为哪几项使你与众不同？ 你的配偶最讨厌你的哪方面？"

结论

那些循规蹈矩的高级求职者，以为筛选过程的一个例行部分，是调查候选人的优缺点。然而，聪明的未来雇主需要的，可不仅是排练好的对标准问题的回答。他想知道的是新聘主管如何应对实际工作压力、突如其来的困境，以及挫折。在面试中，问一个意想不到的问题或制造一种非正统的场景，是了解这些情况的两种途径。如今，面试官还常借用心理研究人员的技巧，设计一个不可能完成的任务或问题，没有人能在规定的时间内将其做完。这样做的目的，是检测候选人在被迫离开舒适区时，如何应对局面。

延伸阅读

专著

- William Poundstone（2012）. *Are You Smart Enough to Work at Google？ Trick Questions*，*Zen-like Riddles*，*Insanely Difficult Puzzles*，*and Other Devious Interviewing Techniques You Need to Know to Get a Job Anywhere in the New Economy*. Little，Brown and Company.

论文

- Glassdoor（March 28，2016）. "Top 10 Oddball Interview Questions for 2016." www. glassdoor. com.

第 5 章

阶段 3: 检验

本书的首要目的是讨论敏捷人才本身,其次是能识别敏捷人才的甄选方法。不过,我相信,如果在甄选过程中增加一些灵活性,就能增加找到面向未来的人才的概率。敏捷工作方式的一个关键部分,是对初步的结果进行检验。该部分探讨两种核查方法:候选人测试和有效的背景调查(见图 5.1)。

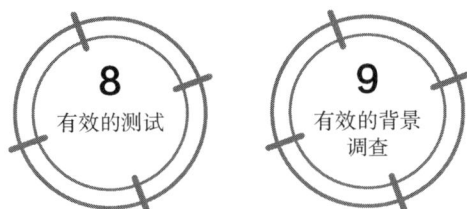

图 5.1 阶段 3: 检验

步骤 8. 有效的测试

对人才的甄选应该是多维度、多渠道的,测评也是必不可少的。对人选进行测评是识别那些用传统方法难以辨别的要素的最佳方法,即利用测试来了解候选人的个性特征和动机至关重要,并可通过测试来加深对应聘者的了解。

"选择和测试候选人所花费的时间，通常与职位的重要性成反比。"

——弗兰克·范路易克（Frank van Luijk），评估心理学家和领导力专家

业界对高管职位的候选人进行测试一般比较少见，但我认为测试还是必要的。否则，就可能会根据单一的选择方法，比如结构化面试，来做决定。然而，许多公司还是不愿意将测试作为甄选过程的一部分。原因很多，其中最普遍的有两点：

（1）可靠的测试价格不菲。

（2）人们怀疑测试的预测效度。

好的候选人，都会有一份非凡的简历、各种必要的资质，以及最为重要的出色的职业经历。可是，这些并不能说明一切。我们前面已经讨论过，一个优秀的管理者在新的工作环境中的表现，可能让大家很失望。反之亦然，一个经理或职员可能有巨大的尚未开发的潜力，但是，上一份工作并不要求他们发挥什么特殊技能，因此，他们的潜力没有在简历中显露出来，他们的才能还没有机会被充分展现。

智商、某些技能以及知识，是很容易通过面试或其他"传统"筛选方法来确定的。个性特征和动机则较难识别，尤其是动机需求。它们对我们的行为方式有着巨大的影响，却无法通过直接观察对其进行评判。因此，利用测试来确定个性特征和动机至关重要。

要不要进行测试？

对候选人进行测试，是识别那些用传统方法难以识别的要素的最佳方法。但是，测试必须符合以下条件：

（1）可靠。

（2）有效。

（3）具有预测性。

此外，你还必须了解测试所度量的确切内容，以及测试结果被某人曲解的容易程度。

除这些先决条件外，准确地进行测试也至关重要。必须有一个客观的评分系统，以及一个简明的、规范的工作手册。如果决定选用测试来验证自己对候选人的评价，一定要考虑上述条件。下面是对这些条件更加全面的介绍。

1. 信度

当在相同条件下进行多次测试并得到稳定且一致的结果时，心理学家将这种测试称为可靠测试。在学术界，通常的做法是在一段时间内对一组人进行两次测试，以查看测试结果的一致性，即所谓的重测信度。

这并不像想象的那么简单，尤其是人格和动机需求方面的测试。

即使两次测试结果大致相同，也不一定意味着测试结果准确无误或有严格的预测效度。

2. 效度

我们说测试有效时，指的是该测试中使用了某些相关的测试范本。比如问卷所提供的信息与想要测量的要素之间的相关程度高不高？在人才招聘过程中，对测试效度的评估迫使人们检查测试是否真的在衡量雇主感兴趣的那些方面。

3. 预测效度

选择测试之前要考虑的另一个关键因素是它的预测效度。如何用测试结果来判断一个人在特定的工作环境中能否成功呢？这就涉及预测效度。确定一个测试是否有实际价值，唯一的办法是看测试是否可靠和有效。

预测是一个比较模糊的领域。有些测试具有很高的信度,但在实际应用中预测效度较差。换句话说,虽然测试结果一致性很好,但是对于想要测试的内容,却提供不了多少信息。如果测试的预测效度较低,用它来测试候选人就没有多大意义。

4. 测试什么?

有时测试在求职者中很受欢迎,因为他们认为测试结果可以准确地反映自己。就是说,测试所衡量的实际上是候选人的自我认知;他们回答问题的根据,是自己对自己的看法,于是——啊哈!——测试结果与自我认知高度吻合。这并不一定意味着测试结果已经对候选人做出了精确的描述。要核实测试的精确性,需对候选人周围的人进行调查。如果调查产生了不同的结果,可能需要考虑使用其他测试。有些测试方法易于解读,感兴趣的观察者轻易便能理解它们的工作原理。测试易于理解是难能可贵的,但缺点是容易被聪明的候选人钻空子。还有些测试能反映候选人智商的高低,但对于雇主想要重点了解的性格特征和动机等方面,却提供不了任何信息。

复杂的论题

测试品种的数量大得惊人。其中相当一部分测试效果还可以,但是很难理解,因为里面充斥着很多术语,让外行人不知所云。还有些测试也相当好,但需要心理学家或类似的专业人员来进行测试。坦率地说,除非有这方面的背景,否则我认为招聘者不应该尝试进行测试。执行测试并记录可靠的测试结果的工作,需具备专业人员的特殊培训和技能才能做好。我们公司的所有测试,都由外聘专家来完成。

实际问题

在选拔过程中,招聘者将对候选人进行许多不同的测试。然而,高层管理职位似乎不在此列。在寻访和招聘工作中,我经常看到经理们被迫经历吹毛求疵的考验,以确定他们能否胜任一个新的职位。评估、问卷调查、人格测试,不一而足。然而,当我们(打个比方)移动到金字塔顶端,到 CEO 和(监事)董事会成员级别时,测试突然变得稀少了。这些履历甚丰的候选人会说:"哦,但是我已经考过无数次了。"这确实不假,因此,招聘机构经常会决定不再考他们了。问题是,关于他们在新的环境中、新的职位上会有怎样的表现,以前的测试无法提供足够的信息。这些高层管理人员在职业生涯的早期经历的纷繁的考试,有可能仅仅是关于智商、技能和个性的测试。对动机需求的测试过去很少,甚至现在都不太常见。然而,对于监事会成员或有些曾有着辉煌的职业生涯的首席执行官的求职者,人们通常认为考他是匪夷所思,怎么能让这样一个杰出的人才屈尊去参加测试呢?

总之,与下级经理相比,应聘 CEO 和监事会成员时,测试往往会少得多,而且受到的审查也少得多。这种做法是非常不明智的,因为候选人与职位匹配失败的成本,是随着职位重要性的增加而增加的。

多年来,人们一般都是在甄选过程进入尾声时,让首选候选人参加测试或评估。这个做法现在有所改变。技术企业和负责选择 IT 经理的人员,大多倾向于让候选人在甄选过程的早期参加测试。通常是所有候选人都参加测试,通过测试来确定哪些人参加面试。过去,测试只能在专门的评估中心进行,而现在一般可以在网上进行,节省了时间和金钱。在面试之前,在线测试可对众多人选进行评估是很有意义的。

动机需求的几种测试方法

虽然对候选人的智商、技能和个性特征的测试已经相当普遍了,但对其主要动机需求的测试还不多见。我认为不进行主要动机需求测试是个失误;因为只有通过这类测试,才能判定拟聘员工在大多数时候的行为表现。

专家们普遍认可人格测试——特别是大五测试。对于那些旨在揭示人们动机需求的测试，却有颇多争议。

我用主题统觉测试（thematic apperception test，TAT），得到了不错的效果。这是一个心理投射测试，最初是由克里斯蒂娜·摩根（Christiana Morgan）和亨利·默里（Henry Murray）开发的，后由大卫·麦克利兰（David McClelland）加以拓展。大多数社会驱动力或需求测试会遭到多方质疑，TAT 也一样。争论的焦点是：测试的效度①。TAT 之后开发的基于心理测量的测试，也受到了类似的批评。要知道，没有哪个测试能得出完美的结果。

主题统觉测试（TAT）

主题统觉测试，要用到一系列图片或照片。候选人要写出图片上的场景出现之前发生了什么事，图片上的场景描述了什么事，以及继图片场景之后会发生什么事。图片上的场景和人物都刻意设计得有多种解释。例如，照片中有两个人在交流的场景，可以解释成在争论，也可以解释成在进行一场热烈、友好的讨论。候选人的解释表明了他们的思维方式，这是该测试的真正目的。在测试过程中，候选人要描述多张不同的图片场景。然后，由经过专门培训的专家根据严格的标准解析候选人的主要需求。这些需求的组合——取向——在有关步骤 2 的那章中，已经做了深入讨论。总之，候选人会得到一个 1 至 100 之间的分数，代表其 3 个主要的社会需求（成就、归属和权力）。

TAT 的基本理念是：人们在描述图片时，会透露他们的动机、隐藏的需求、恐惧和期望。图片可以从多个角度进行诠释，而候选人的描述是基于自己下意识的想象和经验。事实上，他们是把自己的内心世界投射到身外的图片世界中。因此，候选人写下的叙述就反映了他们的内心世界，以及激励他们的因素。

---

① 荷兰科学家贝尔·达曼在他的论文《领导力与动机》中对此进行了研究，并提出了几个前提条件，作为驳斥这些批评的依据。

"值得注意的是，选择合适的评估人员比专注于评估技术更关键。"

——克劳迪奥·费尔南德斯-阿劳斯，格罗斯伯格（Groysberg）和诺赫里亚（Nohria），《哈佛商业评论》，2012 年冬

TAT 的最初设计者相信，它可以解释一个人行为的 70%～75%。TAT 旨在揭示个人行为背后的原因。人们可能正在参与同一项活动，但是表现出的行为方式却各不相同（不妨回想一下步骤 2 的章节中爬山或打高尔夫球的例子）。TAT 是一个旨在探索主要社会需求的、经过科学验证的测试，但它不能提供对未来行为 100% 无懈可击的预测。尽管如此，还是可以通过这个测试，加深和丰富对应聘者的了解——这是认知测试做不到的。此外，完全预测一个人的行为也并非 TAT 的初衷；这类测试的目的是促使人们进行思考和讨论。此外，通过讨论候选人的才能和缺陷，还可以了解他们的反思能力，并同时对该能力进行评估。

TAT 的一个有趣的特征是，即便对其进行了深入研究，能做到的也只是预测考试结果。想要动歪脑筋得高分，几乎是不可能的。除了测量自我意识之外，TAT 还测量人的真实动机需求。在接受 TAT 测试之后，会感觉自己对自我的看法，与测试中投射出的个性，似乎不太一致，对这点我有切身体会。对这个差异加以分析，会使人受益匪浅。虽然成年以后，人的动机需求已经定型了，但是加深对自己行为的了解，终究有益无害，也许有助于避免自己犯常犯的错误。

哈佛大学的亨利·默里和克里斯蒂娜·摩根开发了 TAT，约翰·阿特金森（John Atkinson）和大卫·麦克莱伦为其制定了评分系统，他

们的工作为该测试打下了牢固的理论基础。只需满足两个条件，TAT就能够清楚地显示候选人的行为方式。首先，是要使用严格的评分方法，例如大卫·温特（David Winter）①设计的方法。其次，必须由经验丰富的、合格的专家，来管理测试和解释测试结果。

就 TAT 而言，这意味着对候选人所写的图片描述进行编码和解释。要做到这一点，必须使用严格定义的参数。研究表明，解释过程比测试本身的质量更重要。荷兰科学家贝尔·达曼在其论文《领导力与动机》（*Leadership and Motivation*）中指出，如能遵守严格的规定，TAT 就能提供有关动机需求的重要信息，从而略微减轻人们对其效度和信度的批评。因此，一定要由经过适当培训的专家，根据科学的数据收集方法，对测试结果进行解释。

需求评估问卷

确定动机或主要社会需求的另一种方法，是使用需求评估问卷，该问卷是荷兰奈耶诺德商学院领导与管理发展中心的研究员和讲师简·摩尔希（Jan Morsch）设计的。这项测试相对新颖，但它能够评估人的内在和外在需求，而且测试效度和信度都没什么问题。摩尔希定义了8 个不同的需求（见表 5.1），而不是我们熟知的麦克利兰所用的 3 个需求。

表 5.1　摩尔希的 8 个独立需求

需求清单	描　　述
内在成就需求	为自己取得成就的需求
外在成就需求	为了得到他人赞赏而取得成就的需求

---

① WINTER D G. A motivational model of leadership: predicting long-term management success from TAT measures of power motivation and responsibility [J]. Leadership Quarterly, 1991, 2（2）: 67 - 80. 电子版地址: https://deepblue. lib. umich. edu/ bitstream/handle/2027. 42/29238/0000293. pdf? sequence=1.

（续表）

需求清单	描　　述
合作需求	与他人合作的需求
社会交往需求	与他人沟通并建立关系的需求
对非正式权力的需求	发挥影响力、从而影响他人的需求
领导力需求	对正式的权力地位的需求
独立需求	独自工作和独立的需求
责任需求	对自己的工作负责的需求

MVP 测评

MVP 测评是欧信英才欧洲公司推出的一个职业测试和辅导的工具，M 指思维敏捷性（M）、V 指价值观（V），P 指热情（P），组合成 MVP。

思维敏捷性（mental agility）——面对复杂和模糊的环境，能够适应变化和不确定性，并能快速应变，依据事实做决定，具有开放的思维。

价值观（value）——具有公平、尊重、诚实、关怀、合作等价值观，更在乎"影响力"而非"个人利益"。

热情（passion）——带有使命感地生活和工作，具有自我激励能力。

优秀的员工应该是这三项的完美平衡，亦即企业最有价值的员工。目前 MVP 测评已广泛应用于欧信英才的招聘服务和职业过渡期服务中。同时，MVP 测评亦可帮助候选人从这三方面来洞察自己是怎样的一个人，即自我认知，从而认清个人需发展和提高的方面。

MVP 测评与市面上其他的测评工具最大的不同，是可以在手机上简便地操作。

结论

为甄选过程制定了适当的框架，并按部就班地应用了阶段 2 的各个步骤之后,还要注意从多个角度做决定。不要把结论建立在一种甄选方法的基础上,而要对得出的结果进行仔细推敲。评估必须符合本章前一部分讨论的关键要求,否则进行评估就没有多大意义。候选人和职位的匹配程度取决于工作环境,因此,即使是经验丰富的高级候选人,也要对其进行适当的测试和评估。更具体地说,对动机需求和个性特征的测试,可以很好地预测未来的行为。对人的个性和动机需求进行分析,是确定他/她是否能取得卓越成就的最好方法之一。虽然面试有助于了解候选人的主要社会需求,但是,如果要可靠、细致地描述主要社会需求,就必须使用专门的测试或评估。毕竟,很少有人在某一个需求上得分出奇地高,大多数人都是几个主要需求同时在起作用。对于复杂测试,只有专家才能正确地确定和描述这些需求组合;不请专业人士的话,可能导致测试结果不可靠。因此,我总是聘请外部顾问来进行这种复杂测试。而 MVP 测评则使用简便,更倾向于洞察候选人的自我认知。但是,必须记住,没有哪个需求或个性测试,能 100% 准确地测评人的驱动力和性格特征。换句话说,不要以为这些测试给出的结果是绝对真理。在甄选过程中,最好使用各种不同的工具,对候选人进行综合评价。

延伸阅读

专著

- J. W. Atkinson（1992）．"Motivational determinants of thematic apperception."In：C. P. Smith（ed.），*Motivation and Personality*. *Handbook of Thematic Content Analysis*. Cambridge University Press.

- Tina Lewis Rowe（2013）．*A Preparation Guide for the Assessment Center Method*. 2nd Edition. Charles C. Thomas Pub Ltd.

- Susana Urbina（2014）．*Essentials of Psychological Testing*（*Essentials of Behavioral Science*）．2nd Edition. Wiley.

论文

● Claudio Fernández-Aráoz，Boris Groysberg & Nitin Nohria（winter 2012）．"The Definitive Guide to Recruiting in Good Times and Bad．" *Harvard Business Review On Point*．https：//hbr. org/2009/05/the-definitive-guide-to-recruiting-in-good-times-and-bad.

● F. L. Schmidt & J. E. Hunter（1998）．"The validity and utility of selection methods in personnel psychology．Practical and theoretical implications of 85 years of research findings．" *Psychological Bulletin*，124，pp. 262 – 274．http://mavweb. mnsu. edu/howard/Schmidt％ 20and％ 20Hunter％ 201998％ 20Validity％ 20and％ 20Utility％ 20Psychological％ 20Bulletin. pdf.

● W. D. Spangler（1992）．"Validity of Questionnaire and TAT Measures of Need for Achievement．Two Meta-Analyses．" *Psychological Bulletin*，112，pp. 140 – 154．https：//ic. ucsc. edu/～ vktonay/psyc166/tatmetanalysis. pdf.

● David G. Winter（1994）．"Manual for Scoring Motive Imagery in Running Text．" University of Michigan．file：///C：/Users/user/Downloads/DG％ 20Winter-Scoring％ 20motive％ 20imagery％ 20in％ 20running％ 20text-2-Manual，％ 20practice％ 20sets，％ 20calibration％ 20sets. pdf.

步骤 9. 有效的背景调查

我们建议雇主在甄选的最后阶段做背景调查，这样可以获得有用的信息，从而完善其他甄选工具所收集到的材料，进而帮助雇主做最后的决定。而了解雇主如何做背景调查及期望核实哪方面信息，亦可帮助候选人在职场上知己知彼、不断进步并追求职业发展的高峰。

"好的领袖的标志，不在于他有多少追随者，而在于他创造了多少领导者。"

——甘地（Gandhi）

在我的整个职业生涯中，我曾经为许多客户提供了有关管理层内部变动的咨询服务，并做过大量的初步筛选候选人的工作。在人员甄选过程中指导客户，是我最喜欢的工作。绝大多数客户都了解找到合适的人选——无论是管理者还是首席执行官——的重要性，所以会积极主动地认真挑选人才。他们很清楚正确的流程应该包含哪些要素，以及如何避免错误。然而，甄选过程的最后阶段任务繁杂，难免出错。

情况通常是这样的：甄选过程接近尾声了，人们开始对候选人达成共识。这时，他们决定快速地对候选人做背景调查，这项工作通常委托给那些没有参与面试，甚至对招聘过程一无所知的人员。事后，当事情偏离了轨道，候选人不如人意时，人们才开始意识到，当初应该深入调查前雇主对候选人的看法。

有力的选择工具

许多人不看好背景调查的信息潜力和预测效度，并且相信自己的看法是有科学依据的：毕竟，弗兰克·施密特和约翰·亨特 1998 年的研究——被广泛认为是有关选择工具的主要研究之一——证明背景调查的平均预测效度，明显低于结构化面试。

不过，我相信，这主要是因为做背景调查时不够严谨，才导致该得力工具的作用没有充分发挥出来。只要按照本章中描述的步骤去做，背景调查就会变成减少匹配错误的指路明灯。

附录 1 呈现了施密特和亨特的主要研究成果，从中可见每个选择工具的平均预测效度，其中的百分比用于强调各工具的附加价值。施密特和亨特建议几种选择工具结合使用——这也是本书的基本前提。如果按本书介绍的 9 个选择步骤操作，并牢记背景调查的重要性，我保证，预测效度（为职位选择合适人选的能力）将大大提高。

在人才市场中的高端候选人通常能够很好地展示自己。他们能易如反掌地让面试官了解自己的最大附加价值——他们甚至可能散发着能力与魅力交相辉映的光芒，即使面试中昭示出不可雇用他们的理由，被迷住双眼的面试官也可能视而不见！为了减轻那些干扰因素的影响，在对面试结果进行核查时，必须小心谨慎。

如何把背景调查变成一个有力的工具呢？应该对候选人的哪些方面进行细致核查呢？我们将重点讨论以下 4 个方面：

（1）有几个证明人？查访哪一个？

（2）如何进行查访？

（3）派谁去查访证明人？

（4）需要问哪些问题（最低要求清单）？

有几封推荐信以及是谁写的？

针对 1 个候选人，需要查访 2 个证明人，这条律令似乎从未变过。由于时间的限制，查访 2 个证明人的法则会简化成（或许）1 个。按理，人才选拔应该以刑法的原则为准绳：只有一个证人，等同于没有证人！

我强烈建议不要只要求 2 封推荐信，至少得从 3～4 个证明人处获得推荐信，证明人最好是来自候选人原来所在公司的不同层级。在招聘业务部门经理时，有关候选人的信息可以来自首席执行官、亲密的同事，或者团队中向候选人汇报的人。客户可以作为第四个理想的证明人。这个"360 度无死角"的证明人查访，可以从多个维度对候选人加以考查，这样在对候选人的多种特征进行描述时，客观性会大大提高。候选人的前任老板提供的信息，很可能有助于洞察候选人的成就需求，或者其战略思考能力。通过亲密的同事，可以了解候选人是否合群以及他/她的影响力。团队的下属则十分了解候选人的领导能力。当候选人不能提供 3～4 份专业推荐信时,应该立即问为什么不能。有 10～15 年专业经验的候选人,都应该能够毫无困难地提供推荐信。如果提供不出,则需对该候选人格外小心。

"人才选拔应遵循刑法中所秉持的原则: 只有一个证人,等于没有证人! 我建议候选人至少要有 3～4 个证明人,并确保他们来自公司的不同级别。 尽量包括至少 1 个客户。 要亲自与证明人面谈。"

要查访各方都认识的人

背景调查的致命弱点,是进行调查的人的工作可能完成得不力。一定要确保证明人是中立和客观的,与候选人没有私交,更不是候选人的朋友。这似乎是不言自明的,却很容易被忽视。只要候选人和写推荐信的人有任何私人联系的蛛丝马迹,那么多查访几个证明人就变成了当务之急。在这种情况下,最好查访几个证明人和候选人双方都认识的人。

招聘团队的成员本身,也可能是问题的根源。因为在过去,要找到候选人和招聘人员都认识的人十分麻烦,不过,现在有现成的社交媒体,可以克服这个困难了。通过领英(LinkedIn)和脸书,就能轻而易举地找到候选人和招聘者共同的熟人。与招聘人员关系友好的证明人,不太可能替候选人过度美言;毕竟,招聘人员和证明人在未来很可能会再次相遇。因此,谁都不愿意出现随口夸赞候选人几句,结果证明言过其实的情况。但是,透彻地了解新职位所需的资质和人格特点,是充当证明人的要件。与候选人熟识的证明人，可能会无保留地夸赞候选人的性格，但对其战略能力了解不足。或者证明人是候选人的经理，但因为受雇于一家美国跨国公司，两人在目前的职位上都不需要制定战略——战略由总部制定，而各国办事处只负责执行。这种情况下，这个经理只对候选人的执行能力有发言权，至于他是否是一个出色的战略家，则不甚了了。

全权委托？

要是候选人许可你向任何人了解情况，就更好了，这胜于查访各方都认识的证明人。候选人这样做是自信的表现，也是他没有不可告人的秘密的信号。必须记住的是，候选人给予你这种自由，前提是你有职业操守、廉正不阿。每当候选人让我随意选择证明人时，我通常会事先跟他约定，假使证明人对他有负面看法，我会给他反驳的机会。

如何做背景调查

通常的方式是通过电话查访证明人，但我建议避免这样做，而要与证明人面谈。如果行不通，那么使用 Skype 或 FaceTime 也可以。能看到对方的脸，并直视他们的眼睛，就会建立起更融洽的关系。观察面部表情，通常会使交谈多一个维度。查访伊始，就要声明这是一个重要的谈话——不要认为这样显得做作而忽略不说。要感谢他/她腾出时间，帮助你深入了解候选人，因为对于候选人的职业生涯和候选人未来的雇主来说，他们提供的信息非常重要。要让他们知道，与他们所熟知的证明人查访不同，这次的问询不是假正经地走过场；他们要准备好回答细枝末节的问题。告诉他们，谈话是完全保密的。

核实还是审查，是一念之差

通常，背景调查是在甄选过程的最后阶段完成的。此时，候选人已经接受了几轮面试。决策者已了解了他过去的成就、让他出彩的品质，以及他的潜力。他给决策者们留下了很好的印象，他和工作人员的关系也很好。那么，还要做背景调查吗？当然要——谁会否认这样做的重要性呢？但是，如果在查访过程中，只满足于核实高管们在甄选过程中业已确认的事项，那么查访就流于形式了。这样做也是可以理解的，此乃人之常情。大家一道辛辛苦苦地完成了面试过程，自然不希望得出的判断有差错，一切再从头来过。尽管如此，还是不可以让背景调查流于形式，一定要花时间仔细审查所作的决定。在这个过程中，如果问题问得恰到好处，则能达到事半功倍的效果。本章后面，会讨论问什么问题才恰当。

漫不经心地听

人才选择过程的这个阶段，另一个易犯的错误是忽视对候选人的批评意见（即使是合理的批评）。我称之为漫不经心地听，就是只听想听的，其余的都忽略。在我职业生涯的早期，也犯过这样的错误。一个熟人同行把一位候选人介绍给我，我后来对他进行了背景调查。如果我细心体会言外之意，就会发现，尽管候选人具备专业资质，但他当时所在公司的员工，都觉得无法与之共事。他总是让周围的同事寝食难安——不许人们有片刻懈怠，并将自己的压力投射到周围的每个人身上。而我们当时却庆幸找到了合适的候选人，因为那个职位所需的资质非常罕见。另外，也找不到其他候选人了，所以我没有理会那些危险信号。我只注意听候选人有什么好的品质（他不缺这个），而忽视了他的弱点——这是初出茅庐的招聘者常犯的错误。值得庆幸的是，另一个证明人直言不讳地指出了候选人的缺点，使我们再不能对其置之不理了。

谁来做背景调查？

在我看来，应该由进行面试的人做背景调查。如果面试官做事情比较专业，就会将面试结果与熟悉候选人工作表现的证明人所提供的反馈进行对比。背景调查能够使冷静的面试官更深入透彻地了解候选人。让面试官做背景调查，或许存在验证已知信息的嫌疑，但将这一重要步骤委托给其他人，则可能造成信息解释不准确，敷衍了事。

把背景调查委托给从未见过候选人的人，已经很不可取了，更有甚者，是把该工作交给对候选人应聘的领域缺乏经验或知识的人。偶尔也有把背景调查工作交给初级员工的，我认为这是一个根本性的错误。期望他们有足够的素养和经验提出尖锐的问题，是不公平和不现实的。而在向证明人索取信息时，深入挖掘关键信息的能力是至关重要的。

进行背景调查，除了上述各项要求外，还必须注意查访者的个性特征。要想让调查报告内容翔实，此人必须勇于提出试探性的问题。这种技能更多关乎个性，而非专业知识。我认识一些人，虽然在其他方面的工作表现很出色，但不能胜任严格的背景调查工作。原因可能是他们受归属需求主宰，不喜欢竞争或敌对的局面，个性害羞，等等，但是不论是什么原因，都不该强人所难，让他们陷于痛苦而无益的境地。

虽然我坚持认为背景调查是不应该外包的，但我也知道有时公司必须这样做。如果是外包，则需雇用专业顾问，以保证调查结果的可靠性。专业顾问们虽然从未见过候选人，但在背景调查方面有资深的专业经验，因此可以得到符合实际的观察结果。所以，如果确实不能亲自做背景调查，可以请一个专业顾问来完成这项工作。

至少要问哪些问题？

在过去的几年里，背景调查应问的问题已经成为报纸和杂志文章的热门话题，搜索引擎里随便检索一下就能得到证实。下面的样本清单中，我列举了该领域专家们用的一些问题，以及我们自己设计的一些行之有效的问题。不过，首先要确认背景调查需针对哪些方面对证明人进行询问，否则可能遗漏重要的主题。以下是可以考虑的问题类别：

- 关于候选人/证明人背景的问题；
- 关于成就的问题；
- 关于个性的问题；
- 关于学习敏捷性、内省性和适应性的问题；

- 关于奉献、动力或动机的问题；
- 征求意见；
- 关于诚信的问题。

一些例子

以下是上述类别中参考问题的一些示例，这些问题能增进对候选人的了解，我们不妨假设这个候选人叫克莱尔（Claire）。

- **与背景相关的问题。** 克莱尔的工作职责有哪些？你们从何时起开始一起工作？一起工作多久了？你们是什么工作关系？背景问题可能看起来很肤浅，但是必须要问。首先，你需要知道证明人与候选人合作的时间是否长到能够对候选人形成合理的看法。在背景调查时，常常忽略这一点，因为人们喜欢想当然。

- **关于成就的问题。** 你能否跟我讲讲克莱尔工作上的成就，以及她擅长什么？她在压力下表现如何？她没有达到目标的情况有哪些，原因是什么？你能举例说明她是如何完成工作的吗？

- **关于性格的问题。** 你能告诉我克莱尔的性格吗？你怎么形容她这个人，她的价值观是什么？她的同事、团队成员和管理层对她有什么印象？她是什么样的领导者？她善于与人合作吗？她如何与客户及同事沟通？最后这个问题尤其能反映候选人的性格特征。对候选人的了解，一定要包括其人格特征及其共创精神；否则，后果是很严重的。候选人被雇用，是因为他们能力突出，而他们遭解雇，则是因为他们的性格缺陷！

- **关于学习敏捷性、反省和适应性的问题。** 你认为克莱尔的最佳品质是什么？将这个问题的答案与代表学习敏捷性的前 3 个标准进行比较。如何比较，见有关步骤 6 的章节。克莱尔是否有许多创新的想法？哪些想法留下了持久的印迹？她在为你工作时，是否经常主动接受额外的任务或责任？通过该问题，可以了解候选人的适应能力。关于内省，可以问：克莱尔经常主动要求反馈吗？她如何对待反馈，尤其是批评她、指出她错误的反馈？她能实事求是地承认自己的成功和失败吗？招募敏捷人才，就需要以各种形式询问与敏捷性相关的问题。

• **关于奉献精神和动机的问题。**克莱尔最专注于哪些专业领域？你是怎么知道的？在工作职责范围之外，她自愿参加了哪些项目？克莱尔的动机是什么？你必须说清楚自己想了解哪方面的内容：你要了解的是她的动机是什么，不是她知道什么以及能做什么。换句话说，你的目标是弄清楚什么品质让她不同凡响。

• **征求意见。**按 10 分制，你会给克莱尔的总体工作表现打多少分？这个问题的好处，是它迫使人们直言不讳。人们通常会给克莱尔一个十足的 8 分。这时，可以用下面的问题加以反驳：克莱尔怎样才能得到满分 10 分？该问题的答案，会生动地体现克莱尔的问题所在。与直截了当地问克莱尔有哪些重大方面需要改进相比，这个机智的问法能挖掘出她需要改进的具体的、难以发现的、更为深入的问题。可以这样问：你认为在我刚才描述的位置和背景下，克莱尔会有什么表现？你认为她在我们公司会成功吗？为什么？当然，只有在精确地描述了克莱尔要应聘的职位之后，才可以问这个问题。对于职位的描述，应包括该职位的职责和任务、公司战略及公司文化。请人们参与讨论候选人的情况并征求他们的意见时，很少有人会拒绝。事实上，大多数被征求意见的人，都会尽力提供详细的信息。

• **关于诚信的问题。**你会让克莱尔处理生意中保密级别最高的事宜吗？或者，换一种说法：从专业角度讲，克莱尔是你可以以性命相托的人吗？如果你必须在国外出差几个月，你会让她接管财务吗？满分10 分的话，和克莱尔亲近的同事会给她打几分？你赞同这个打分吗？为什么？

• 还有，在每一次背景调查中，我都会问证明人：如果有机会，你会再次雇用候选人做同一份工作或另一份工作吗？

结论

采用本章中建议的步骤进行背景调查,可以获得有用的信息,从而完善其他甄选工具所收集到的数据。再说一遍:背景调查工作做得到位的话,可以防止雇用那些样样都出色但就是不适合公司的人才。

高端猎头公司亿康先达的合伙人、《哈佛商业评论》的定期撰稿人,克劳迪奥·费尔南德斯-阿劳斯,在他的职业生涯中,不得已把招聘来的人解雇的情况只有两例。他成功的秘诀是什么?"是一流的背景调查。只有进行背景调查,才能避免招聘到一上任就想将其淘汰的员工。"

延伸阅读

论文

- Claudio Fernández-Aráoz (February 11, 2016). "The right way to check a reference." *Harvard Business Review*. https://hbr.org/2016/02/the-right-way-to-check-a-reference.
- Jorg Stegemann (April 28, 2014). "How to Do a Reference Check." Kennedyexecutive.com. http://www.kennedyexecutive.com/how-to-do-a-reference-check/.

第三部分

误区、清单及
人才保留

至此，9个步骤已经完成了，你和甄选团队已经清楚地了解了候选人的情况。现在该做决定了。在专门的评估（也称校准）阶段，每个人都可以表达自己的观点，并提供理论依据。然后，要把各种数据收集起来，作为决策的依据：包括填妥的反馈表、背景调查情况，以及所有测试或评估结果。最后，要权衡这些资料，选出最合适的候选人。

　　要为所有候选人提供明确而简洁的反馈（包括通过背景调查收集到的信息）。按照本书的方法进行筛选，可以清楚地解释候选人被录用或否决的原因。大多数候选人认为甄选过程是专业的，即便最后没有被录用，都会坦然接受现实。建设性的批评是不会白做的，谷歌就是一个很好的例子：被谷歌淘汰的候选人，其中高达80％的人，会鼓励他们的朋友到谷歌应聘。

　　在评估阶段，所有相关方都聚集到了一起，因此是一个合适的时机，可对甄选过程本身加以评估，并对其进行必要的调整。还可以在本阶段确定哪些招聘者比较优秀，哪些选择工具比较有效。我一般会建议我的客户从长计议，定期审查新员工的业绩，根据最初的甄选标准和决定聘用的理由，对新员工的表现加以评估。这样累积起来的信息，也有助于人才甄选过程的不断改进。

　　要得到品质优异、才华出众的人才，必须经过漫长、曲折的努力，跨越诸多误区和陷阱。乍看起来极为重要的因素，结果可能证明无关紧要。根据我的研究结果和实践经验,本书介绍的简明指导方法及9个步骤,有助于选出更多、更好的敏捷及面向未来的人才。在第三部分,我们将讨论甄选人才过程中容易犯的错误,介绍商业领袖们的建议,企业如何留住敏捷人才,并简要探讨寻访及招聘工作的未来发展趋势。

第 6 章

容易犯的错误

"这个世界的问题在于，聪明人疑虑重重，而傻子们却自信满满。"

——查尔斯·布考斯基（Charles Bukowski），美国作家兼诗人

如前所述，将结构化面试与反馈表相结合，可以增强面试官观察结果的客观性。这是因为在使用该方法时，面试官只能根据事先认定的核心选择要素、不可妥协的要素或妨碍候选人受雇的要素等先决条件，对候选人进行评价，给候选人打分。甄选过程中所观察到的其他品质，不会对聘用决定产生任何影响。

之所以要重视甄选的客观性，是因为人们会本能地看到原本不存在的事物，或做出毫无根据的假设。人们的观察结果与实际情况有偏差，是在所难免的。但是，如果能掌握造成这种情况的深层理论依据，是有可能减小客观性受损的程度的。这一章将介绍我们公司经常遇到的几个问题。

功劳归领导

杰出人才往往受雇于人才济济的大公司。在这样的公司中，会有

层出不穷的机会与博学多才的同事们合作。然而,也有意想不到的缺点,这个缺点不易察觉,却可能造成非常不利的影响。也就是说,当这些公司采取了独特的、开创性的战略,或者其业务发展成为行业中的佼佼者时,功劳通常都是归首席执行官的。这非常不合理,因为首席执行官的成就,实际上大部分是他的团队成员努力的结果。

苹果的创始人史蒂夫·乔布斯就是一个很好的例子。作为一个有远见的思想家,他的设计理念超凡脱俗,他还有引导消费者购买做梦也想不到自己需要的产品的特殊能力。他开发新的产品、服务,甚至市场,对无数传统商业模式产生了无与伦比的影响。他天资卓越。但也有些冠在他头上的优良品质实际上是子虚乌有的。他手下的几个经理弥补了他的不足,处理了他忽视的业务,但遗憾的是,这些经理从未得到公众的赏识。

所谓的乔布斯的出色面试技巧最能说明问题。我记得曾听过一次电台采访,当中有人说乔布斯有识别才俊的慧眼及非凡的面试技巧,这简直是无稽之谈。众所周知,乔布斯缺乏耐心,甚至算得上粗鲁无礼。不能在面试的前3分钟给乔布斯留下光彩夺目的印象,就会遭到这位苹果总裁的蔑视;他甚至不会假意地掩饰自己的厌恶。幸好,在他的团队和人力资源部里,有许多人可以为他收拾残局。

光环和犄角效应

人们初次见面,会对对方产生一个心理印象。研究证明,第一印象往往会影响我们对人的看法。所谓的光环效应,是指候选人表现出某一正面特质后,面试官据此假定他还有其他好品质。犄角效应恰好相反:面试官看到一点不好,就假定候选人还有其他负面特征。假设一个候选人在某著名商学院参加入学考试。一位教授注意到此人在第一次考试中成绩很好,一个错误也没有。后来,这位教授又批改到该候选人其他考试的答卷,并发现了一个错误,这时他就可能认为,这不过是疏忽大意,因而在最后做决策时忽略这个错误。

选择"克隆人"

人们喜欢招聘跟自己一样的人，这个倾向是最难避免的陷阱之一。心理学家称之为**相似吸引**。一言以蔽之，人们非常喜欢跟自己相似的人才。而与我们不同或具备我们没有的技能及性格特征的人才，往往会被拒绝，甚至在甄选过程的第一轮便惨遭淘汰。在一个多样性和灵活性永远不嫌多的世界里，这样做简直愚蠢至极。克隆的个性和技能，只能使同类素质得到进一步强化，有碍于从不同的角度考虑问题。

选择"克隆人"的做法看起来很不理性，但实际上，人们常常会不经意地这样做。几乎没有人能免受其害。如果你有兴趣了解自己的非自愿偏见——性别、种族和年龄，不妨去做一下在线哈佛内隐联系测试（IAT）①。你很可能跟我一样，并不像自己以为的那么没有偏见。

过犹不及

在很多人才清单和无数管理书籍中，都罗列了优秀管理者和领导者的各种特质。我在自己的书《顶尖人才》（*Toptalent*）中，探讨了判定优秀人才的 9 个常用标准。这些标准来自我个人的工作经验以及对 CEO 和监事会成员的 60 次采访。这些素质是优秀人才所特有的，在优秀人才中具有普遍性。但是，每个优秀人才达到这些标准的程度是不同的，因此，这些标准具有一定的预测效度。

然而，具有讽刺意味的是，人们往往会忘记过犹不及、物极必反的道理。这些好品质一旦过度，会对公司造成致命的危害。

这些过犹不及的品质很难完全避免，因为归根结底，它们是公司繁荣昌盛所必备的因素本身的缺陷。例如，魅力和自信过了头，很容易变成傲慢或缺乏自省。那些不喜欢倾听、一味地"广播"信息而不与人交流的人，也是一种过犹不及。这个特征是与同理心和同情心背道而驰的。我们身边这类人的例子比比皆是。我就认识一个非常聪明的经

---

① 内隐联系测试见哈佛网站：https://implicit.harvard.edu/implicit/takeatest.html.

理,他因为智商高,总是觉得自己比别人聪明。就是说,他认为周围的所有人都很蠢。这是典型的缺乏自我意识的表现;这种表现是人才关键特征之一——学习敏捷性——的对立面。

即使是最积极的特征,如果过度也一样过犹不及。管理他人者都需要同理心。如果没有同理心,就不知道人们向前的动力是什么,也无法影响他们,更不会启迪和鼓舞他们。这些是管理者必备的素质。然而,太多的同理心,会导致推迟并避免做艰难的决定。关于这方面,人们已进行了充分的研究。做艰难的决定,是管理工作的一部分;管理者在他们的职业生涯中,都要做艰难的决定。在《如何成为首席执行官?》(How to Become CEO?)中,我说过:首席执行官和高层管理人员,若对自己的缺陷及过度行为缺乏了解,往往会遭遇失败。因此,在面试时,既要确定候选人有哪些优良品质,又要确定这些品质的强度。首席执行官都应该有一定的影响力需求,但是,如果这种需求过于旺盛,就会导致破坏性和自恋性行为。前面提到的内隐联系测试,定义了权力的 4 个不同阶段,可以警示自恋行为。

结论

人才选拔是复杂而且主观的过程。尽管我们都觉得自己能明辨是非、独立行事,但是在生活中,我们常常会遇到干扰。本章讨论了一些不太常见的误区和诱惑。还有很多其他外部因素会影响我们的看法。为了防止出现严重的问题,最好是掌握一些理论知识,并使用焦点面试与反馈表相结合的甄选方法。

延伸阅读

专著

- David L. Dotlich & Peter C. Cairo (2003). *Why CEOs Fail. The 11 Behaviors That Can Derail Your Climb to the Top and How to Manage*

Them. Jossey-Bass.

- Phil Rosenzweig (2014). *The Halo Effect … and the Eight Other Business Delusions That Deceive Managers*. Free Press. Reissue edition.
- Larry J. Bloom (2012). *The Cure for Corporate Stupidity. Avoid the Mind-Bugs that Cause Smart People to Make Bad Decisions*. Xmente.

论文

- Rod Johnson (March 1,2016). "The Top 10 Leadership Derailers and How to Best Mitigate Those Risks." GrowingYourLeaders. com. http://info. growingyourleaders. com/blog/the-top-10-leadership-derailers-and-how-to-best-mitigate-those-risks.
- Joyce E. A. Russell (February 7,2014). "Career Coach: Are Your Derailers Holding You Back?" *The Washington Post*. https://www. washingtonpost. com/business/capitalbusiness/career-coach-are-your-derailers-holding-you-back/2014/02/07/4ba43828-8dba-11e3-833c-33098f9e5267_story. html? utm_term=.58751d3670e1.

第 7 章

沃伦·巴菲特、杰夫·贝佐斯、迪伊·霍克：他们的标准清单

> "把时间花在哪里，可能是我们所做的最重要的决定了。"
>
> ——雷·库兹韦尔（Ray Kurzwei），奇点大学联合创始人

成功的企业主和管理者都明白，选择合适的人才，是成功的关键所在。他们知道，候选人仅仅有适当的技能组合是远远不够的。能力、需求和身份之间相辅相成的关系，才是最关键的。本章与大家分享 3 位杰出商业领袖的独家见解：他们分别是全球最著名的投资家、在线零售巨头亚马逊的首席执行官、极具创新意识的 Visa 卡创始人和前首席执行官。

杰出投资家沃伦·巴菲特和他的 3 个标准

投资家沃伦·巴菲特（Warren Buffett）喜欢简化问题。他挑选杰出人才的标准，是化繁为简的典范。这位美国亿万富翁认为，招募新的合伙人时，只要看 3 点就够了，用他的话说："要看 3 个品质：**诚信、智慧和精力**。如果不具备第一条，而具备后两条，就会反受其害。要是雇

用没诚信的人，则必须保证他们又愚蠢又懒惰。"

杰夫·贝佐斯和他的 3 个常规问题

美国亚马逊公司，是带动在线零售业变革的企业之一。促成其成功的因素很多，但首席执行官杰夫·贝佐斯（Jeff Bezos）坚信，挑选优秀员工是其成功的主要原因。"如果没有非凡的人才，是不可能在变幻莫测的互联网环境中取得成功的。对招聘方法高标准、严要求，一直是亚马逊成功的最重要的因素，这个传统将一直保持下去。"

贝佐斯在每次面试中都会问 3 个问题，并要求经理们也这样做。他认为这些问题至关重要。

（1）你会钦佩这个人吗？贝佐斯的第一个准则是钦佩。他想让经理们将自己钦佩的人招进自己的团队。这意味着候选人有望成为他人学习的榜样。仅这一条标准，就把招聘级别提升到了极高的水平。

（2）此人加入团队后，能否提高团队的平均效率？杰夫·贝佐斯认为招聘新员工是为了一个很明确的目的：即提升公司。这是招聘的终极目的。招聘门槛必须不断提高，以防止随着公司的成长，滋生麻木不仁的情绪。为了考验员工，贝佐斯经常让他们想象 5 年后公司的样子。一到这时，员工就会环顾四周说："现在的标准太高了——啊，幸好我早就进了公司！"

（3）这个人在哪些方面可能是超级明星？贝佐斯最后可能也是最古怪的要求，是新员工身上要具备为公司文化做贡献、有助于营造兴趣盎然的工作场所的独特技能或兴趣。这不必和工作有关。虽然各项素质齐头并进、全面发展的人才有很多可圈可点之处，但是贝佐斯想要的是有棱角的人才[1]。

贝佐斯的用人标准已经实施了 15 年。得益于这个招聘策略，亚马

---

[1] 节选自弗农·甘纳森（Vernon Gunnarson）所写的《亚马逊首席执行官杰夫·贝佐斯在雇用任何人之前必提的 3 个问题》。

逊在过去的 15 年中,取得了长足的进步。他的这 3 个稀奇古怪的问题可能无法涵盖您想知道的所有内容,但它们将改进您的甄选过程,相对于面试必问的传统问题,它们是有益的补充。

迪伊·霍克及其未来领导人标准

Visa 卡前首席执行官迪伊·霍克(Dee Hock)也花时间起草了一份详尽的寻访和招聘优秀人才的标准。我认为,每个对追求卓越感兴趣的人,都应该耳濡目染霍克的思维方式。他的标准虽然是 20 年前构思出来的,但历久弥新,至今也不过时。他在重视学习敏捷性方面是领先于时代的。

和巴菲特一样,迪伊·霍克深知诚信是录用的基石。他选择和提拔员工的标准,比巴菲特的标准略微复杂一些。霍克认为,寻找优秀人才的方法包含 6 个方面:“聘用和提拔员工第一要看诚信;第二是动机;第三是能力;第四是理解;第五是知识;最后也是最不重要的是经验。没有诚信,动机是危险的;没有动机,能力是低下的;没有能力,理解是有限的;没有理解,知识是空洞的;没有知识,经验是盲目的。”

结论

成功的企业主和管理者都明白,选择杰出的人才是至关重要的。他们都有自己的成功关键因素清单。我建议你也这么做。通过所参与的人才甄选过程,确定哪些标准比较适用。你的标准列表上,是否有些项目反复被用到,因此值得特别关注? 将这些标准归纳起来,写成一份初稿,再将所列出的条目与甄选小组其他成员的看法对照,以确定最终的清单。一定要经常对这张清单进行调整,大胆地对标准进行排序。这样得来的清单,能在大方向上指明,如何在甄选过程中拿捏各标准的轻重缓急。不过它们不能代替某个职位的具体标准。它们的作用是帮助你了解,在判定候选人未来能否成功方面,哪些常见因素有最高的预测效度。

延伸阅读

专著

- Richard J. Connors（2010）. *Warren Buffett on Business. Principles from the Sage of Omaha*. John Wiley &. Sons.

- Dee Hock &. Peter M. Senge（2005）. *One from Many. VISA and the Rise of Chaordic Organization*. Berrett-Koehler Publishers.

- Brad Stone（2013）. *The Everything Store. Jeff Bezos and the Age of Amazon*. Little，Brown and Company.

论文

- Vernon Gunnarson，"3 Questions Amazon CEO Jeff Bezos Asks Before Hiring Anyone."Inc. com. http：//www. inc. com/the-muse/3-questions-bezos-asks-before-hiring. html.

- M. Mitchell Waldrop（1996）. "Dee Hock on Management."Fastcompany. com. https：//www. fastcompany. com/27454/dee-hock-management.

第 8 章

留住敏捷人才

> 给员工足够的培训，让他们能远走高飞；善待他们，使他们哪儿都不想去。
>
> ——理查德·布兰森（Richard Branson）

本书包含了循序渐进的指南和建议，希望能帮助你招募到敏捷和面向未来的新一代人才。值得庆幸的是，即使只有少数几个顶级的敏捷人才，也会对业务及其结果产生深远的影响。此外，如果他们符合本书中讨论过的大多数标准，就能够不断助力企业取得成功，并有望（至少在理论上）长期为企业效力。然而，做到这些，只能算是完成了万里长征的第一步。很多公司不遗余力地招聘**最优秀**、**最聪明**、**最能适应变化**的人才，结果惊讶而失望地发现，这些最优秀、最聪明的人才眨眼间就另谋高就了，这样的情况屡见不鲜。

有哪些因素可以吸引人才或使人才心甘情愿为企业献身呢？要详细回答这个问题，需要另写一本书，但我认为这个问题非常重要，此处不可不提。

如何留住他们?

如果真想留住敏捷(顶尖)人才,是有章可循的。可用的措施包括(当然不限于)以下几种(见图 8.1)。

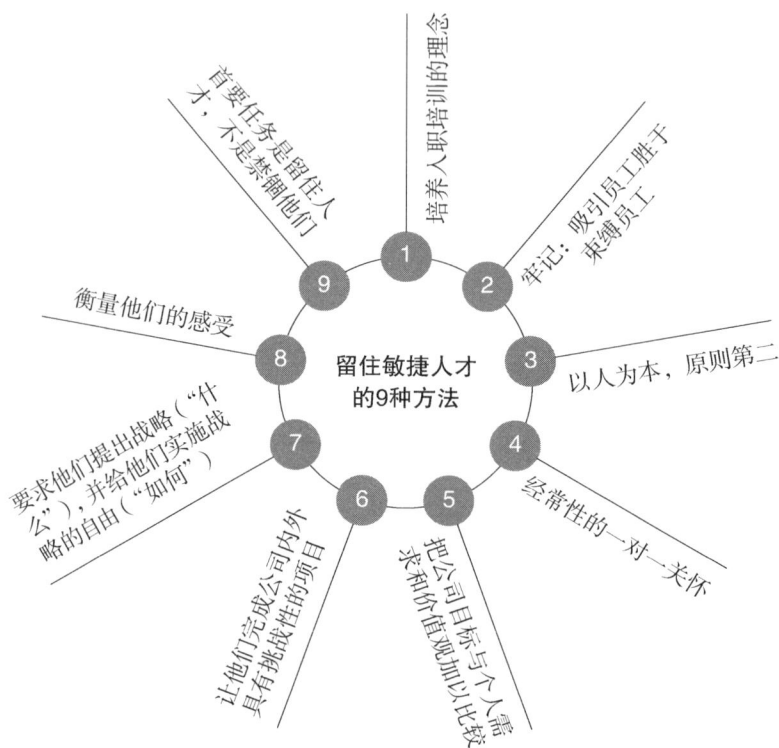

图 8.1 留住敏捷人才的 9 种方法

（1）培养入职培训的理念。首先,让他们了解公司情况。

（2）牢记:吸引员工胜于束缚员工。很多创业公司对此深有体会,有才能的人也可能只贪图金钱。为了解决这个问题,一旦雇到这类人,创业公司会付一笔钱给他们,让他们马上离开。

（3）以人为本,原则第二。换言之,千万不要让公司变成严格按章办事的僵化机构。不能一把尺子量到底。

（4）经常性的一对一关怀。一定要保持联系,但不要事无巨细。

（5）把公司目标与个人需求和价值观加以比较。公司目标应该不仅仅是广告词。理想的做法，是比较公司目标与员工的个人价值观，看看它们的一致性。

（6）让他们完成公司内外具有挑战性的项目。

（7）要求他们提出战略（"什么"），并给他们实施战略的自由（"如何"）。不过，他们必须实现相应的目标。自由不等于"没有附加条件"。

（8）衡量他们的感受。最好是一直这样做，或尽可能经常这样做，至少要做到实时（即没有延迟）。有各种各样的工具可以帮你做到这一点。

（9）首要任务是留住人才，不是禁锢他们。

1. 培养入职培训的理念

公司经常会花大量时间甄选人才，却不注重在新员工开始工作时，用适当的入职培训帮助他们了解公司情况。有时候，这样做是由于预算紧张；更多的时候，则是因为不了解入职培训的重要性。管理层常说"我们相信新员工应付得了"。结果新员工不得不摸着石头过河，费时间不说，还会觉得很沮丧。所以，**留住人才的第一步**，就是帮助新员工了解公司情况。

不妨读读乔治·布拉特（George Bradt）的著作《入职培训——让新员工迅速进入角色的方法》（*How to Get Your New Employees Up to Speed in Half the Time*），关于制定入职培训计划，书中有非常中肯的建议。布拉特是我的同事，他是管理层入职培训专家，福布斯网站的作者，曾写过4部有关入职培训的著作。《入职培训——让新员工迅速进入角色的方法》是必读文献，它提供了诸多方法，有助于制定实用、易操作的入职计划。入职培训的第一个重要步骤，是制定个性化的入职计划，以确保新员工掌握正确的工具，能进入相关的人际网络，并逐步了解公司文化。入职培训不应视为短暂的"公司介绍"。它的必要性和益处的持久性，超乎想象。

2. 记住：吸引员工胜于束缚员工

第二步：**吸引**员工——让他们投身于公司，并持续关注公司的成长。**缚住**员工——让他们觉得，这里有丰厚的工资和奖金，因此必须留下来。这两者完全不是一回事。

我在工作中见过许多不同的奖励方式。我并不反对合理的经济奖励。但是，单纯地把人们的奉献与工资奖金画等号，未免操之过简。一个有强烈归属需求的人（见本书步骤 2）不会从奖金中得到太多的激励。这类人渴望与他人建立联系，并与团队一道完成任务。奖励把人们分为三六九等，这会让他们非常不安。

"财物激励不应过度……外部激励因素（如钱）必须与内部激励因素（如成就和赞誉）结合使用，才能发挥应有的作用。"

——克劳迪奥·尔南德斯-阿劳斯、格罗斯伯格和诺赫里亚，《哈佛商业评论》，2012 年冬

因此，我更推崇让员工对公司产生兴趣，而不是让他们对公司忠诚。荷兰作家昆汀·舍弗内尔（Quintin Schevernels）著有《西服和连帽衫》（*Suits & Hoodies*）一书（只有荷兰语版），他花了很多时间研究初创企业和规模扩大企业。在研究中，他发现了一个普遍现象：这些公司中确实有许多员工喜欢接受挑战，而且其中一些人是为了崇高的（社会）目标而奋斗的，但是也不乏"拜金者"，即使是时髦的高科技企业也不例外。

针对这一问题，欧美几家成功的科技公司想出了一个聪明的办法，

即在人才甄选过程末尾,给胜出的候选人两种选择:要么签订雇用合同,要么放弃这份工作而领取一次性的大额回报。美国在线鞋履零售商扎珀斯(Zappos)就采用了类似的做法,他们支付 1 000 美元给那些决定工作一周后就辞职的员工。用这个聪明的办法,可以辨别员工是金钱至上,还是真正有志于实现公司目标及营造良好的合作关系。有趣的是:这一做法使扎珀斯成为公众关注的对象。

要保持敏捷人才对公司的关注,必须迎合他们对知识的渴求。要营造一个有利于自主性、创造性、灵活性和创新性的企业环境,以及一种容许犯错、热情欢迎新思想的氛围和文化。下面将就如何促使员工持续关心公司成长,提供一个具体的方法。

3. 以人为本,原则第二

即使公司在留住人才方面有长远规划,中途也可能迷失方向。认为有一个留人方案就够了,不必为每个人量身定制挽留计划,这是人才保留领域非常典型的错误。实际上,人与人之间差别很大,有截然不同的个人需求和独特个性。能用一个范式把人们留在身边,那当然好,但我们本能地知道这是不可能的,人们的喜好千差万别。比如,如果管理层培养方案试图强行推广某个单一领导模式,那肯定是行不通的。同理,用划一的方法保留人才,也一样不可行。标准化的管理层培养方案,只能培养出不真实、卡拉 OK 式的领导。对敏捷人才来说,这种没有创意的、无聊的培养方法,尤其会打消他们的积极性。同样,标准化的人才保留方案,也起不到鼓励优秀员工为公司奉献的作用。

顾名思义,敏捷人才灵活多变,通常标准化的程序和方案会使他们感到焦躁和窒息。因此,要分别为每个人制定保留计划,定期对计划进行检查并根据需要不断调整。

> "敏捷性和可控性是两个对立面。过去，保留人才，是指用来把杰出人才留在身边的一套周密措施。然而，一成不变地执行这一措施是愚蠢的。我建议定期对措施进行检查，并进行相应的调整。毕竟，敏捷性和敏捷人才保留的宗旨，都是灵活性和随机应变。"
>
> ——威乐敏·博斯马（Willemijn Boskma），Scrum公司的敏捷Scrum教练和顾问

4. 经常性的一对一关怀

经常与优秀人才沟通，了解每个人灵感的源头，不可想当然。直接问他们！最好是亲自出马，时常找他们聊聊天，了解了解情况。谈话要随意，不要弄得像传统的面试或标准化的问答环节。对话一定要及时，为双方提供敞开心扉的机会，分享自己对双方合作、共同目标及相互期许的感受。既要讨论员工和雇主能共同进步之处，也要指出存在的问题。

5. 把公司目标与个人需求和价值观加以比较

前面我们说过，人类的主要需求没有可控性。同样，它们也没有可变性。我们总是奢望人们的主要需求和内在价值观是可变的，但是大量研究表明，这种奢望是没有根据的。人们的价值观和需求在青春期就基本定型了。因此，招聘人才时，更有意义的是了解一个人的主导价值观和需求是什么，并将其与公司的核心价值观相比较。如果它们基本一致，那么人们到了工作岗位上，很可能干劲十足。许多企业已经逐渐开始采用敏捷工作原则，在寻找和招聘员工时，首先把公司文化及价值观与应聘员工的价值观进行匹配。

6. 让他们完成公司内外富有挑战性的项目

甄选人才时，那些对职位了如指掌的候选人，被选中的可能性无疑会很高；然而这种选人方法却是灾难性的。尤其是招募真正优秀的人才时，绝对不能这样做。公司招人时总是要招精英，人才来到公司后，却又分配他们去做以前反复做了很多次的工作。这样的话，候选人只需将先前的工作经验拿出来，根据新公司的规模和复杂性，稍加调整，就能应付新工作了。但是，这种"舒适区"综合征，会打消敏捷人才的积极性。敏捷人才渴望学习，喜欢突破界限，尤其希望自己承担的项目充满意想不到的挑战。公司最好能够为敏捷人才提供他们在某些方面有所了解，同时又要跨出自己舒适区才能做好的职位。

督促并鼓舞他们

有一次，在谈论人才时，汉斯·威杰斯（Hans Wijers）对我说："打个比方说，你需要找到一个一只脚在平地、一只脚在深渊的情境。换言之，已知项与要学习的未知项，比例必须适当，才能迫使你走出舒适区。"他是荷兰跨国公司阿克苏诺贝尔的前首席执行官，目前是众多公司的监事会成员。

分派优秀人才去做必须全力以赴才能完成的项目，不仅能使其学习曲线直线上扬，还会让他们在这个过程中体会拼搏的快感。说到留住人才，我不禁想起《长袜子皮皮》中自由奔放、无拘无束的女主人公。自信满满的皮皮的人生态度是："这事我以前从未尝试过，所以我想我肯定做得来！"

"这事我以前从未尝试过，所以我想我肯定做得来！"

——长袜子皮皮

接触最优秀的人

还有一种方法能挖掘敏捷人才的潜能,那就是让他们与最优秀的人合作。敏捷人才,是因为有好奇心和学习的敏捷性,才被公司选中的。他们会非常珍惜与榜样们合作、向榜样们学习的机会。要让他们每天都在自己的团队中与优秀的人并肩工作。还可以把他们安排在一个成员不断变动的团体中——什么职位都可以——让他们在这里与最优秀的人进行互动。这个团体可以是公司内部的,也可以是公司外部的。汉克·史密特(Henk Smit)是毕马威荷兰分公司咨询部的合伙人,部分时间在荷兰的非政府组织阿尔茨海默实验室工作。该实验室得以建立,是由于几位首席执行官集思广益,试图找到办法为荷兰阿尔茨海默基金会做出切实的贡献。史密特提议参与项目的公司各派 2 名顶尖人才,为这个项目工作 2 年。因此,该项目汇集了不少杰出人才,这些优秀人才通过该项目得以与其他才俊携手,为解决一个重大的社会问题出谋划策。这种经历带来的启迪和鼓舞,在这些人返回自己公司后,仍然历久弥新。如果想让敏捷人才持续关注公司的发展,为什么不像这样,突破公司的藩篱去思考呢?相信你身边也有诸多良机,可以在公司外部设立引人入胜的项目!

7. 让他们制定战略("什么")并给予他们执行战略的自由("如何")

敏捷人才中,几乎没有人不喜欢应对困难或新问题的挑战。他们最喜欢的,就是参与制定新的商业模式和创新战略。他们迫不及待地想发挥自己的创新精神和学习敏捷性。他们排斥例行公事和重复劳动,讨厌工作环境中每个工作环节都有细致的规定。要求他们制定战略,并商定应取得的成果,然后,在符合公司价值观的前提下,给他们充分的自由裁量权去取得相应的结果。也就是说,让他们决定该做"什么",并在"如何"实现方面,给他们充分的自由。或者说,在主旨上严格要求他们,但在实际工作中,他们可以自由发挥。

8. 衡量他们的感受

在留住敏捷人才的过程中,最常见的错误之一,是管理者不加区分地用通用标准看待个体用于衡量挑战和进步的标准。记得我在职业生涯的早期就犯过这样的错误。我当时供职的公司中,有个办公室负责人是位年轻、刚出校门、才华横溢的技术专家。虽然他求知欲极强,升迁迅速,能同时胜任多项任务和职责,但我都没有放在心上,理所当然地觉得他得在这个职位做上一段时间。我那么想,是因为以前的经理都是在这个职位上工作几年之后才转到其他岗位的。而我这样一刀切的思路显然是不对的;结果他跳槽到了一家美国战略公司,在那里,他的学习热情得到鼓励和滋养,事业能够百尺竿头更进一步。我当时看见他兴高采烈地忙碌,就以为他满意了,这样想是不正确的。我应该定期和他谈谈,看看他对工作的热情是否有减少的迹象。

下面这些证据,进一步说明了跟踪员工敬业度的重要性。

——韬睿惠悦(Towers Watson)[1]2013 年的一项研究发现,员工满意度较高的公司中,财务业绩比员工满意度低的企业高出惊人的300％。同样,2013 年的盖洛普民意测验(Gallup Poll)[2]显示,全世界仅有 13％的员工对自己的工作感到完全满意,并全身心地投入自己的工作。作为一个雇主,读到这些数据应该警醒才是。

——智慧集团(Intelligence Group)[3]进行的一项研究显示,64％的千禧一代说,他们宁可拿 4 万美元年薪,做让自己开心的工作,也不会为 10 万美元年薪,做让自己痛苦的工作。

——比利时企业家雷蒙德·汉尼斯(Raymond Hannes)和他的Vita. io 团队开发了一款应用软件,供员工和企业测量、理解和挖掘工

---

[1] 参见韬睿惠悦 2012 年发布的《全球劳动力研究》。

[2] 见史蒂夫·克拉布特里(Steve Crabtree)于 2013 年 10 月 8 日发表的《全球有 13％的员工全身心工作》一文。

[3] 见莫利·威诺格拉德(Morley Winograd)和迈克尔·海斯(Michael Hais)于 2014 年 5 月发表的《千禧一代如何颠覆华尔街和美国企业》一文。

作中使他们快乐的因素。应用程序每天给员工们发送几条消息，接到消息后，员工可以自由选择是否答复。通过该程序，员工可以和定制的聊天机器人对话。对话的目的，是确定工作中使员工快乐的主要因素。在平常谈话时，人们一般不愿具体讨论这些因素。Vita.io 背后的理念是，员工如果对工作充满激情，在工作中不断成长，并因工作心满意足，就会感到幸福。这些因素可以用一个简单的缩写"AMO"来概括：三个字母分别代表能力（ability）、动机（motivation）和机会（opportunity）。

员工和雇主都可以使用该应用程序。Vita.io 可以实时生成员工和公司满意度信息，这有助于提高公司的响应能力。Vita.io 可根据公司的具体情况，为公司制定适当的干预措施。

9. 首要任务是留住人才，不是禁锢他们

有时，即使完全遵循了本章中的 8 条指示，最好的敏捷人才还是会选择离开。他们难得的特质及面向未来的能力，会引起其他雇主的注意，并被其他雇主设法吸引。即使对他们倾注再多的关注和赏识，也无济于事。由于具有好奇心强、有学习敏捷性，并且渴望反馈等特质，敏捷人才也常会睁大双眼，望向更大、更好的平台。

失去重要员工时，唯一能做的就是加倍努力，强化公司对其他敏捷人才的吸引力。一定要使敏捷人才的工作尽可能有趣、多样和令人兴奋。不管他们在公司中的职位是什么，都要让他们参与开创性的项目，或者把他们介绍给优秀的人，让他们增长见识。

"敏捷人才最期望的莫过于直接或间接地参与最具挑战性的项目，在没有等级差别的环境中工作，以及与优秀的同事携手并进。"

如果在谈话中了解到某个重要员工打算离职，一定不要生气，而要仔细聆听。看看其他公司，比如谷歌，是如何处理这种情况的。

谷歌会尽量为这样的人提供帮助，指导并帮助他们评估其离职计划是否现实。例如：有员工表示要自己创业，谷歌就会问他为什么想离开公司，并分析他的计划是否合理可行。假如他的计划还不够完善，公司会提供必要的帮助和空间来完善他刚刚起步的愿景。当然，谷歌也会尽一切努力挽留他。但是，如果他的计划很好，公司也不会挡他的路；相反，谷歌公司希望与离职员工建立持久、良好的关系。因此，谷歌可能会为离职员工举办盛大的欢送会，热烈欢迎其加入谷歌职员俱乐部，甚至会注资其初创公司。我亲眼见过几次这样的快乐告别仪式，以这种方式分道扬镳，实际上像是公司向外部派了一个大使。局外人会赞赏你的公司，离职的雇员也可能给你带来商机。这种入职培训、留住员工和良性退出的原则不仅适用于中下层管理人员，而且也适用于顶级人才和高层管理人员。

部分保留？斜杠青年闪亮登场！

最近，商业术语中出现了一个新词："斜杠族"。斜杠族，指同时拥有多份工作的人。促使人们从事第二职业的原因有很多，其中一个不幸的原因是被解雇。失去一份高薪的工作后，人们可能会去找两份或多份地位和薪水不那么高的工作，于是，其职业身份就被斜杠分成了若干部分。不得已成为斜杠族的另一部分人，是抱负远大的艺术家和艺人——比如，有的年轻女演员得去餐厅做服务生，直到演艺事业取得突破，来自剧院的收入足够支付租金。

如果我们投资培训员工，
他们却跳槽了，会怎么样呢？

如果我们不去投资培训员工，
他们却留下来工作了，又会怎么样呢？

还有一部分人，则是自愿选择斜杠族生活方式的。这些人觉得自己的天赋和兴趣太丰富，一份职业用不完。如今，许多人都同时承担多种工作、职位或角色——就连我们公司，也有几位合伙人属于斜杠一族，同时兼任不同的角色。来自不同国家的统计数据显示，这一趋势将持续下去。

如果你的员工或经理中，有人在日常工作之外还想出去兼职，你可以极力阻止。然而，你也可以考虑让这个不满足的员工变成斜杠族，把他在公司工作的时间减至每周 3 天，其余 2 天的时间由他用于其他工作。

结论

留住人才可以通过几种不同的方式来实现。研究和实践经验表明，量身定制的保留人才方法，好于一刀切的模式。必须给顶尖人才足够的机会，让其跨出舒适区去施展才华。还需要在公司内外为他们寻求挑战，让他们（打个比方）一条腿站在稳固的基础上，而另一条腿在黑暗中探索前进。

尽量挽留优秀的员工，但是如果他们明显留不住了，就好聚好散。我就亲眼见过，和平离职的员工，最终变成了原企业的杰出大使，举荐自己从前的同事，甚至为原企业带来新的商机。

人才除了去留外，还有第三种选择，就是所谓的斜杠。传统公司还远未习惯斜杠现象。但是，如果希望留住最聪明和最优秀的人才，就要确保他们在工作中能感受到激情、活力和挑战，必要时也要容许他们打另一份工。通过长期奖金把优秀员工拴在公司，实际上只会给自己虚假的安全感。

延伸阅读

专著

● George B. Bradt，Jayme A. Check & John A. Lawler（2016，4ᵗʰ edition）. *The New Leader's 100-Day Action Plan. How to Take Charge, Build or Merge Your Team, and Get Immediate Results.* John Wiley & Sons.

● George B. Bradt & Mary Vonnegut（2009）. *Onboarding：How to Get Your New Employees Up to Speed in Half the Time.* John Wiley & Sons.

● Richard P. Finnegan（2015）. *The Stay Interview. A Manager's Guide to Keeping the Best and Brightest.* Amacom.

● Beverly Kaye & Sharon Jordan-Evans（2014）. *Love'Em or Lose'Em. Getting Good People to Stay.* Berrett-Koehler Publishers.

● Jack J. Philips & Adele O. Connell（2011）. *Managing Employee Retention. A Strategic Accountability Approach.* Routledge.

● Daniel H. Pink（2010）. *Drive. The Surprising Truth About What Motivates Us.* Riverhead Books.

论文

● Steve Crabtree（October 8,2013）. "Worldwide，13％ of Employees are Engaged at Work." Gallup. com. http://www. gallup. com/poll/165269/worldwide-employees-engaged-work. aspx.

● Carol Dweck（January 13, 2016）. "What Having a 'Growth Mindset' Actually Means." *Harvard Business Review.* https://hbr. org/2016/01/what-having-a-growth-mindset-actually-means.

● Claudio Fernández-Aráoz, Boris Groysberg & Nitin Nohria（October 2011）. "How to Hang On to Your High Potentials." *Harvard Business Review.* https://hbr. org/2011/10/how-to-hang-on-to-your-high-potentials.

● Towers Watson（2012）. *Global Workforce Study 2012.* https://www. towerswatson. com/Insights/IC-Types/Survey-Research-Results/2012/

07/2012-Towers-Watson-Global-Workforce-Study.

- Morley Winograd & Michael Hais (May 2014). *How Millennials Could Upend Wall Street and Corporate America*. Governance Studies at Brookings. https://www. brookings. edu/research/how-millennials-could-upend-wall-street-and-corporate-america/.

后 记

——未来之人才寻访

"在各个领域，软件正吞噬着世界。 未来，每家公司都将成为软件公司。"

——马克·安德森（Marc Andreessen），网景公司创始人

世界日新月异，技术的影响前所未有，几乎所有的工商业部门都免不了受到冲击。从本质上讲，几乎所有公司都终将变成 IT 企业。这一现象不仅会影响（相对传统的）高管搜寻业务，还会影响到参与人才选拔的所有人。我认为在未来 10 年中，以下几个趋势会发展成为主流。第一，在人力资源工作和人才选拔过程中，直觉将不再是人们的唯一指引，人们将利用数据分析来寻找潜在的候选人。第二，新工具将帮助你获得更多的事实依据，核实观察结果，为决定候选人的去留打下坚实的基础。第三，处理数据的能力将变得至关重要。

大数据作为跟踪手段

几年前，我们的一位国际客户要求与我们会面，讨论国际寻访和招聘业务。当时我们公司不属于任何全球企业集团，因此，客户担心我们在亚洲和美国的业务网不够大。客户的担心是情有可原的。这件事促

使我们思考公司未来的定位。

于是,我们决定尽快做两件事:一件事显然是要加入一个有名望的国际网络,另一件事是考虑与专门从事大数据业务的公司合作。事实证明,有些大数据公司,对于在全球范围内寻访稀缺宝贵的顶尖人才,有着渊博的知识和专门技能。他们有许多大数据专家,包括天文学家、计量经济学家和数学家。他们会研读每个人在网上留下的数字足迹,据此在全球范围内搜索最能胜任某一职位的候选人。他们不局限于传统的领英这样的社交媒体,而是去调查那些专业社交活动的主讲嘉宾,那些在实践领导者数据库中榜上有名的人,等等。在搜索关键字中,所有明显相关的选择标准都会涵盖进去,可以搜索到几乎所有潜在的候选人。

虽然大数据寻访效果非常好,但其缺点也显而易见:把每个人都找出来是很容易的,询问候选人是否可以应聘、是否愿意搬迁也很简单;但是,要弄清候选人是否具有适当的社交技能,是否具备领袖才干等,却非常不容易。甄选过程的第一阶段采用的是科学分析法,第二阶段则仍旧主要靠人工拣选。

不过,这一点现在已经开始改变了,一些公司开始利用人工智能预测候选人的资格。耘智信息科技有限公司①就是一个非常典型的代表。为了进一步了解耘智信息科技数据驱动的人才预测方法,我采访了这家上海公司的联合创始人与首席商务官里娜·约斯滕-拉布(Rina Joosten - Rabou)。她解释说,耘智信息科技开发人工智能技术,通过语言分析,预测一个人是否适合某个职位和单位。耘智信息科技的软件技术,采用语言分析算法和机器学习,对语言模式进行分析。计算机大脑根据候选人的语言,特别是词和字,推测其行为和个性。然后,将候选人的"关键行为基准概况"与公认的高绩效员工加以比较。事实证

---

① https://www.seedlinktech.com.

明,真正杰出的领导者具有共同的语言特征。每个行业也会形成自己的"话语特色"：会计师的说话方式不同于创意人士；而"唯唯诺诺"的银行家所谈论的话题及所用的辞藻,往往不同于那些敢于冒险的银行家。

公司文化也是如此。一般来说,公司文化是由在公司里工作的人组成的。耘智信息科技可以通过分析员工的语言,构建预测模型,对招聘策略的成功实施起到推动作用。

简历选择法缺乏预测效度！

从事人才甄选的人都有过这样的经历：面试刚进行了 10 分钟,就已经知道不会有什么奇迹发生。出于礼貌,会勉为其难地把面试做完。过后,会沮丧地坐在那里,感叹应聘者与其丰满的简历之间的差距。不过,也不必灰心：这种事屡见不鲜。

对于大多数公司来说,看简历是甄选过程的第一步。但实事求是地说：这第一步并不起什么作用。里娜·约斯滕-拉布道出了人工智能方法的优越性："第一,简历没有预测效度,也不能代表候选人在下一份工作中的表现。第二,人们通常会将甄选过程缩减为调查几个基本特征,例如在该行业的经验或所受的教育。但这些基本特征中不包括技能和动机。第三,由于资源有限,通常无法选择面试每位候选人。就业市场的当前状况,意味着专业人士平均要花一整年的时间,才能找到一份新工作。因此,在某些行业,寻找人才或留住人才方面的形势很严峻。新技术,包括人工智能,能使目前的形势发生积极的变化。"

在中国的一家法国化妆品公司,招聘人员曾经一直工作到午夜,浏览为应聘为数不多的几个职位而投来的数千份简历。"我们本能地意识到,如果我们只是筛选简历,肯定会与优秀人才失之交臂,"他们的招聘主管解释说,"但是我们只能查看候选人的

教育程度、就读的大学，以及是否在我们的同行那里实习过。即便实习情况糟糕得一塌糊涂，还是会被用来作为甄选员工的根据。很遗憾，我们只能这样做，因为申请人数太多，无法安排面试。"

然而，今非昔比，如今公司开始使用人工智能，将候选人与职位和公司文化进行最优匹配，不再仅靠浏览简历中的关键词来定夺了。现在，面对面的面试已被数字化面试所取代。机器人对候选人进行面试，进而做出选择。我知道你脑子里在想什么："什么？！一个机器人？用一台机器来选择最优秀的人才？"没错，我们说的也不是2050年，早在2014年，耘智科技公司就首次推出了机器人选聘人才的程序。现在，该公司利用招聘人员在正式面试中常用的问题，通过手机面试了40 000名求职者，评估他们的技能。比如，"你如何使人们合作？""你说的卓越领导艺术是什么意思？""你为什么要来我们公司工作？"这为应聘者提供了一个机会，让他们用自己的话回答这些问题，并用自己的观点、经验和例证，进行解释说明。[1]（来源：耘智科技。）

耘智科技的研究表明，我们的语言模式——说话的方式和内容——与我们的行为和做事方式，是密切相关并相互作用的。语言的美在于它在我们的大脑中，无意识地组装起来，带有我们人格的独特印记。正如冰山只有水面以上的10％可见，它在水面下的体积我们看不见一样，本书中提到的主要需求和个性特征，大部分都隐藏在我们的语言模式中。仅靠浏览简历和面试，永远无法了解候选人的潜力有多么出众。秘密都在"水面"以下，肉眼看不见，然而这些性格特征，对于候

---

[1] 你可以看一下这个视频：《创新招聘：BBC 对耘智科技的报道》，https://www.youtube.com/watch? v=-MOU5y2_SXM.

选人的行为及未来成功的可能性，有着巨大的影响。而人工智能可以揭示出我们平常眼睛看不见、耳朵听不出的那 90％ 的信息。尖端企业已经开始采用这种技术，来提高基于数据的决策效率。

里娜·约斯滕-拉布补充说："与前些年挑选的候选人相比，计算机挑选的候选人中，有 1/3 在背景、大学学位或工作经验方面极为不同。若是根据简历，他们是不会被选中的。计算机算法第一步所推荐出的候选人中，有 90％ 最终被录用。据直线主管说，录取的新员工所取得的成就高于平均水平。试用期内辞职的候选人减少了 25％，这清楚地表明候选人更有动力为公司服务。"

再见，直觉！

人工智能、大数据和科学将在寻访和招聘（顶尖）人才方面发挥越来越大的作用。面试官仍将负责把控大局、做决定，但他们很快将要习以为常的，是在做决定时，要以人员分析法及智能算法为基础和依据。

验证直觉是否正确可以有很多方法。耘智科技使用的方法只是其中之一，另一种方法是游戏测试。

游戏测试

招聘是耗时的。为了在招聘过程中节省时间，许多公司将转向使用视频游戏来评估求职者的细微差别，如创造力、处理问题能力和协作能力等方面的差别。将候选人的游戏分数与优秀员工的分数进行对比，使硬指标——与招聘经理的主观意见一道——成为预测员工成功概率的有力工具。

为了了解游戏测试在人才招聘中的潜力，我们来看看硅谷一家名为 Knack[①] 的初创公司。这家总部位于旧金山的公司，发布了一款名为"气球旅"的游戏。公司可用这款游戏，对候选人的技能、个性特征和缺点进行初步分析。例如，有的候选人声称能够很好地处理压力且从

---

① https://www.knack.it/.

不怀疑自我,还有的候选人声称能够激励他人并具有善于分析的头脑,"气球旅"可以证实或证伪这些说法。这款游戏很有趣,但是暗藏玄机,因为它包含了大量的尖端科学,是由来自哈佛和耶鲁等顶尖大学的跨学科科学家团队设计的。其中包括全球博弈论专家、2012 年诺贝尔经济学奖获得者阿尔文·罗斯(Alvin Roth)。通过这种方式对候选人加以分析,综合利用了数据分析、概率论、心理学和数字技术等学科门类,有助于对候选人进行甄别。

Knack 开发的游戏看似简单——说起来很像这本书——事实上,它们不仅关注人们在游戏中得了多少分,而且还关注分数是如何得到的。硬性技能无疑会在游戏中得到测量,但同时,社交智慧、创造力和人品也会得到测量。此外,这些游戏还能提供候选人学习敏捷性的相关信息。

智能标牌

除了游戏测试,还有其他新开发的智能工具可以帮助你进行候选人分析。Humanyze[①] 是著名的麻省理工学院的一家衍生公司,它帮助企业利用智能标牌和算法建立数据集。智能标牌是企业经常向公司访客发放的标牌的变体。这个特殊的标牌可以录制视频和音频。

智能标牌可以记录一个人说话的频率、声调,参与的专业网络,以及工作效率。这样,Humanyze 就能够在不冒犯此人隐私的情况下,对其未来的行为做出各种各样的预测。(不愿参加试验的人会得到一个假的"替代标牌",以免他们有压力。)因为隐私法的缘故,许多国家严禁使用这个标牌。然而,对标牌记录进行分析是非常有价值的,而且类似工具的实际应用恐怕也指日可待。

现在的统计数据大多是针对人群,而不是针对个体的。这些数据有助于人们得出更加有的放矢的论据和决策。至少,可以用它们来分

---

① http://www.humanyze.com/products.html.

析群体行为。如能得到参与者的正当许可，并且国家立法也允许，就可以用它们分析个体的行为。言外之意是，在大批量数据中蕴含着巨大的研究潜能。

IBM 的沃森项目就是一个例子。[①] 沃森用计算机先收集世界各地医生的不同经验，再对其进行计算。沃森必将在医学领域取得巨大的进步，因为通过该项目，可以汇集大量实用的医学经验。

如何为不远的将来甄选敏捷人才

我们眼看着就业市场在发生变化。工作在变化、消失或被新的劳动形式（如个体经营者及新兴的斜杠现象）所替代。这些新兴起的边缘人士，当下正在进入主流市场。员工对雇主的忠诚度降低，因此流动率上升，就连高管也是如此。考虑到这一点，全面了解员工的情况（能力、需求、身份）以及他们未来可能取得的成功就变得越来越重要。

今后，应构建一个适当的结构化甄选过程——将本书提供的甄选方法细细斟酌、相互对照后，进行组合。还应利用一切可以利用的现代技术。当需要甄选敏捷人才时，应该采用 202 页图 1 和图 2 所示的面向未来的标准。

我们都可以做得更好，但是我们中有些人潜力更大

招聘人员，指的绝不仅是从事招聘工作的人。领导者和管理者都需要意识到，选择顶级优秀员工，也是他们的重要职责之一。一般的招聘，让其他人去做也就罢了，但是为关键职位招聘员工时，我认为领导者和管理者应该自始至终亲自参与。那些花时间学习人才甄选理论，并与行业精英一起实践的人，可以极大地提高自己的甄选技能。熟能生巧，而英明的领导和同事提供的反馈以及对方案的微调，更会锦上添花。当然，我们当中总是有一些人，天生就是从事招聘工作的料。合格

---

① 可以在 YouTube 上找一下这个视频：《IBM 沃森：运作方法》（*IBM Watson：How it Works*）。

的招聘人员与优秀的招聘人员的区别,在于两者智力水平不同,学习敏捷性不同,(尤其是)主要需求及个性特征的组合形式不同。例如,我遇到过许多睿智、经验丰富的面试官,但他们有很强的归属需求。因此,在面试的时候,他们不愿意问措辞尖锐的问题。从技术上讲,他们是非常熟练的面试官,任何好问题都能信手拈来,但受其主要需求的干扰,会避开措辞尖锐的问题。要防止这一现象,必须事先了解面试官的个性和主要需求。我熟悉的公司中,对这一点有清醒认识的寥寥无几。

人和计算机

世界的发展变化将持续影响人力资源及招聘工作。具体来说,IT、(大)数据和科学技术造成的影响会不断加剧。不久的将来,招聘人员会更加需要依赖人员分析学[①]和智能算法来获取信息,支撑决策。未来的招聘将不再是由人类把持的行业。它将成为人类和计算机共同参与的行业,后者的影响将会与日俱增。

> 如果公司希望提高敏捷性,那么公司将越来越多地转向敏捷人才。这意味着公司需要并且希望通过进行预测分析来验证他们的选择。大型国际企业(如微软),已经开始使用智能预测算法,分析哪些人工作出色,哪些人应该升迁,并且提供证据(这一点很关键)。微软认为,人员分析学尚处在起步阶段,但在未来几年将呈指数级增长。分析学是值得关注的学科:像谷歌和微软这样的公司,1/3 的员工有分析学背景。

---

① BERSIN J. The geeks arrive in HR:people analytics is here [EB/OL]. (2015 - 02 - 01) [2019 - 12 - 09]. http://www.forbes.com/sites/joshbersin/2015/02/01/geeks-arrive-in-hr-people-analytics-is-here/#1b8c0d997db3.

人工智能、数据分析和虚拟现实，都有助于深入研究候选人的行为。在甄选过程中，将候选人置于现实的情境中，也是一种方法，可测试候选人在各种环境下及在各种与工作相关的问题上——如抗压能力、合作的意愿、灵活性、客户为本的心态和学习敏捷性——的行为表现。

全体共治及敏捷工作方式——炒作还是现实？

目前，全体共治（通常称为"自组织"）和敏捷的工作方式非常流行①。我注意到，我所熟悉的企业几乎都已经开始探索敏捷工作原则，并且正在讨论实现这些原则的可行性和益处。"敏捷"的热心倡导者们，都对该原则的长处赞不绝口，尤其是它在奉献精神、灵活性、生产力、效率及客户导向程度等方面的积极作用。

而敏捷原则的批评者则宣称，它只是新瓶装旧酒，可能很快成为过眼云烟。这两者都不属实。《哈佛商业评论》的一项研究发现，敏捷工作方式有助于企业适应不断变化的世界，但是大多数企业可能不会在整个公司中应用敏捷原则。应该谨慎地、循序渐进地推广敏捷工作方式。在许多（甚至大多数）企业，可能有一些问题和专业领域适宜迅速采用敏捷工作方法及全员自治模式，而其他事务及领域，还将继续采用传统的工作模式。

我对敏捷人才的愿景和定义

无论自组织和敏捷工作会不会征服企业界，技术变革的速度和冲击，都将对数量空前的公司产生颠覆性的影响。与时俱进的唯一途径，就是采取新的经营模式。

我定义的敏捷人才，并不一定是指公司中在敏捷环境下工作的人。所谓敏捷人才，主要是指能够快速、有效地适应不断变化的环境，并能够摈弃自己熟悉的模式和准则的那些人。即便自组织团队

---

① MONTGOMERY A. Holacracy vs. hierarchy? The answer lies in managing complexity [EB/OL]. (2014 - 01 - 09) [2019 - 12 - 10]. http://www.intelligentmanagement.ws/holacracy-vs-hierarchy-answer-lies-managing-complexity/.

和敏捷工作方式的热潮会烟消云散,对敏捷人才的需求,仍将保持强劲的势头。

不断变化和改进的甄选标准

下面的清单概括了这些年来人才标准的演变。图 1 是那些直到最近一直处于领先地位的标准,图 2 是选择敏捷人才的标准。

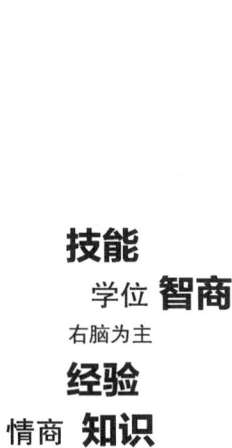

右脑为主
分析思维
反思　决心
适应性
灵感
降低复杂性的能力　**学习的敏捷性**
直觉

技能
学位　**智商**
右脑为主
创造力　愿意合作
智商、情商和适应商

经验
情商　**知识**
好奇心　弹性
强烈的成就需求
左脑为主

图 1　当今及过去几年
的甄选标准

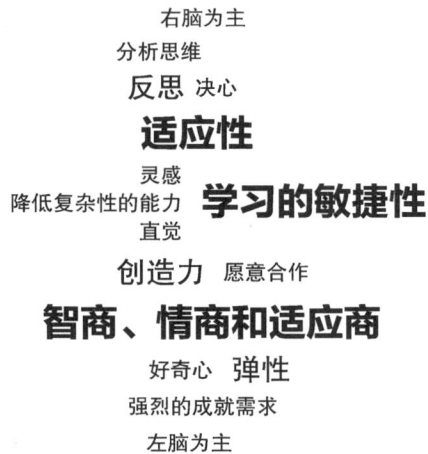

图 2　甄选敏捷(面向未来)人才的
关键标准

组建最佳团队

运用计算机辅助工具,可以切实可靠地分析团队的互补性和多样性。因此,必须认真考虑整个团队的构建。在未来,招聘者要解决的问题不只是“找到在这种情境下,适合这份工作的最佳人选”,而是要“组建能够圆满地解决所面临的相关挑战的最完美、最互补的团队”。

　　“敏捷学习者,知道当自己不知如何是好时,该如何是好。 他们知道该问什么问题,与谁合作,以便寻找所需的

答案，而且对令其不安的境况，他们能安之若素。"

——约翰·T·德莱尼（John T. Delaney）

伊拉斯谟大学鹿特丹管理学院的荷兰科学家科林·李（Colin Lee）[①]说，未来的算法甚至可以预测哪些候选人可能会成功地完成尚不存在的工作。在那一天到来之前，还是要构建一个甄选过程，去招募面向未来的人才。为什么要把敏捷人才聚集在周围呢？约翰·T·德莱尼[②]完美地道出了其中最重要的原因："他们知道该问什么问题，与谁合作去寻找所需的答案，而且对令其不安的境况，他们能安之若素。"

延伸阅读

专著

- Viktor Mayer-Schönberger & Kenneth Cukier（2013）. *Big Data. A Revolution That Will Transform How We Live*，*Work*，*and Think*. Eamon Dolan/Houghton Mifflin Harcourt.

论文

- Marc Andreessen（August 20，2011）. "Why Software is Eating the World." *The Wall Street Journal*.
- Ethan Bernstein，John Bunch，Niko Canner & Michael Lee（July/August 2016）. "Beyond the Holacracy hype." *Harvard Business Review*.
- Michael Chui，James Manyika & Mehdi Miremadi（November 2015）. "Four Fundamentals of Workplace Automation." McKinsey. com.

---

① WOUT C V. Het algoritme weet of je geschikt bent [N]. NRC Handelsblad，2016 - 04 - 12.
② DELANEY J T. The most in-demand 21st century business skill [N]. The Huffington Post，2013 - 07 - 11.

- John T. Delaney（July 11，2013）．"The Most In-Demand 21st Century Business Skill：Learning Agility."*The Huffington Post*.
- Gerald C. Kane（April 7，2015）．"'People analytics' through super-charged ID badges."*Sloan Management Review*.
- Greg Lindsay（September 21，2015）．"HR Meets Data．How Your Boss Will Monitor You To Create The Quantified Workplace."*Fast Company Co. Exist*.
- TheAIGames. com（March 8，2016）．"How to Find and Assess Developers Through A. I. Games."Video，SlideShare. net.

附录 1

施密特和亨特的研究结果

表 1　总体心理能力(GMA)分数与第二预测因子相结合对整体工作绩效的预测效度

人员指标	效度(r)	复相关系数 R	补充第二个因子后增加的效度	效度增长%
总体心理能力测试	.51			
工作样本	.54	.63	.12	24%
面试(结构化)	.51	.63	.12	24%
工作知识测试	.48	.58	.07	14%
诚信测试	.41	.65	.14	27%
面试(非结构化)	.38	.55	.04	8%
评估中心	.37	.53	.02	4%
生平资料	.35	.52	.01	2%
审慎性测试	.31	.60	.09	18%
背景调查	.26	.57	.06	12%
工作经历(年)	.18	.54	.03	6%
受教育年限	.10	.52	.01	2%
兴趣爱好	.10	.52	.01	2%
笔体学	.02	.51	0	0%
年龄	.01	.51	0	0%

附录 2

反馈表

本附录包括一份反馈表,是我们一位保险行业的客户用于聘用市场营销总监的。客户有充分的理由认为,表中各标准并非同等重要。因此,我们对各标准进行了加权,权重从 1 分(对这个职位最不重要)到5 分(最重要)。

我们的保险公司客户对人力资源工作了如指掌,在寻访和招聘人才方面经验丰富。他不仅能够精准地制定关键的标准,而且能够详细地界定每个甄选要素,说明他对上述职位的要求有清醒的认识。我们的团队与客户合作,将甄选标准划分为核心甄选因素和(不可妥协的)根本甄选因素。除了这些类别之外,我们还列出了几个会使候选人遭到否决的制约条件:只要候选人触碰了这些制约条件,即便他/她符合其他所有标准,也不再予以考虑。最终表格包括的不仅是技能和经验,还包括一些关键的性格特征,如候选人是否有合作精神,是否善于自省。此外,我们还在反馈表中增加了一些专门针对面向未来人才的甄选标准。

最后的反馈表,包含了旨在甄选敏捷人才或面向未来人才的各种要素。这些要素没有一个个列出来,而是杂糅到了 5 个核心甄选要素以及"障碍"等类别当中。

表 1　反馈表

候选人姓名： 日期： 面试官：	权重	候选人 得分
高级市场营销官 　　具有丰富咨询经验的资深营销人员（医疗保健背景不是必不可少的），在以下方面拥有良好的业绩：提案管理、营销传播（过渡到线上，与客户共建）、分销营销、品牌管理和信誉管理。在营销和金融的尖端领域有出色的专业知识和经验。需对复杂的保险费计算驾轻就熟。在公司内外都积极以客户为导向。	3	
人员管理 　　一位经验丰富的管理者，在言行举止上正直、清晰和透明。乐于接受各方面的意见，也能做出大胆的决定。（"我已经听取了所有的可能性，这是我的决定。"）能激励人们竭尽全力地工作，致力于为他人的成功创造合适的氛围和条件。他/她是一个善于协作和热心的人，绝不是一个自大的、独来独往的人，而是会积极利用团队的互补机制。在大型、复杂的组织中成功地担任过主管，管理 50 名以上的员工。能立即取得别人的信任，并能提高员工的满意度。	2	
在公共部门和私营部门都具有丰富的营销经验 　　具备 10 年以上的业务经验和营销经验。他/她曾在公共部门和私营部门工作过，例如在医疗保健或养老基金部门，公共交通或任何其他具有明显的公共/私营部门融合的复杂情况下的工作经验。基于这两方面的经验，对业务及市场有很好的敏锐度。	4	
对医疗保障充满热情 　　他/她是充满激情、精力充沛和活力四射的营销专家，从心底里热爱并致力于医疗保健事业。遇到困难时，拥有强大的韧性和毅力。注重结果，致力于打造有健康保障的社会。有强烈的社会责任感，不回避自我批评。在质量和持续改进方面绝不妥协。能给他人以灵感，积极向上，能激励他人，平易近人，非常有幽默感。	5	
具有强大执行能力的策略思考者 　　他/她是一个远见卓识的战略家。不但能够为营销和公司战略制定路线，还能轻易地将战略转化为运营步骤，并取得成果。在战略实施上，业绩卓著。有强烈的好奇心，能迅速适应新情况，并积极了解新情况。不但能在熟悉的情况下表现出色，还有极大的学习敏捷性，在适应新的、不熟悉的情况方面训练有素。	5	

（续表）

	权重	候选人得分
良好的教育和相关经验 　　有硕士或更高的学位，且有丰富的实践经验。聪明机智，擅长抽象思维，包括反思能力。	根本/不可妥协	
致使应聘者无法胜任职位的障碍（否决机制） 　　例如：过于自高自大、孤僻或者缺乏自省能力。		
面试官的其他评语：		

附录 3

词汇表

敏捷人才 具有敏捷性的人才。在本书中,用来指能够迅速适应新情况及新环境,从而使自己不被未来淘汰的有才华的人。

颠覆性创新 以出乎意料的方式打破现状的创新。

高级人才寻访 为特别高级的管理职位、董事会和监事会成员职位寻访和招聘人才。

反馈表 一张表格,其中包含结构化、基于标准的面试所需的关键标准。在本书中,这些标准在面试候选人时,起到"提纲挈领"的作用。

最小可行产品 产品早期的低调版本,旨在评估其生存能力和盈利能力。最小可行产品应该以尽可能少的投入,从用户那里获得最大的反馈。

入职方案 为新职员(和管理层)打造新职位理想开端的培训计划,为他们讲解工作程序,并向他们介绍公司情况。

优化算法 用于为问题(特别是有多种解决方案的问题)提供最佳解决方案的算法。不言而喻,由于问题有众多可行的解决方案,不可能逐一进行尝试。

彼得原理 管理理论中的一个概念,指员工和管理层通常会一直升迁,最终达到自己能力无法胜任的岗位。此概念由劳伦斯·J. 彼得始创,并于 1969 年发表在同名著作中。

预测效度 描述通过测验或评估得来的预测的有效程度。

员工保留　组织机构为了留住人才而开展的活动。

寻访（任务）　寻访及招聘机构或高级人才中介公司，为了要填补某个特定职位而开展的寻访工作。

筒仓思维　组织机构内部只考虑自己的部门或业务单位的倾向，例如：市场营销、销售、IT 或客户服务部门各自为政，每个部门都专注于自己的目标，很少或根本没有与其他部门或"筒仓"之间的协作和沟通。

小分队　一小群来自不同背景的员工，一道完成一个共同的项目、目标或任务。他们不断地对工作方式进行分析和评估，实施迅速"突击"式的改进。

团队　某一特定工作或任务所属的虚拟大类。团队由若干小分队组成。

致　谢

　　能将本书以现有的样子呈现给读者，得益于我与大师们长时间鼓舞人心的交流。我促膝交谈过的人士包括：首席执行官、首席运营官、敏捷教练和人才、人力资源经理、管理大师、管理类书籍作者和其他专家：

　　——马尔滕·范贝克（Maarten van Beek），荷兰安智人力资源总监

　　——威乐敏·博斯马（Willemijn Boskma），Scrum 公司敏捷Scrum 教练顾问

　　——乔治·布拉特（George Bradt），执行入职培训专家，福布斯网站专栏作家，若干书籍的作者，著有《入职培训——让新员工迅速进入角色的方法》等作品

　　——亨克·布吕金（Henk Breukink），高管发展对话创始人和监事会成员

　　——马丁·代诺斯特拉斯罗（Martin Danoestrastro），波士顿咨询集团合伙人（敏捷性）和总经理

　　——拉尔夫·哈默斯（Ralph Hamers），安智集团首席执行官

　　——雷蒙德·汉内斯（Raymond Hannes），Vita. io 联合创始人兼首席执行官，PortXL 董事会成员

　　——加布丽埃勒·范黑特伦（Gabriëlle van Heteren），荷兰银行人

力资源业务顾问

——弗朗斯·范豪滕(Frans van Houten),皇家飞利浦公司首席执行官

——尼克·居伊(Nick Jue),荷兰安智董事长兼首席执行官

——里娜·约斯滕-拉布(Rina Joosten-Rabou),耘智科技联合创始人兼首席商务官

——杰士克·范克斯顿-特恩·卡特(Jetske van Kilsdonk-ten Kate),安智零售银行人力资源经理

——桑德·克劳斯(Sander Klous),毕马威大数据分析合作伙伴,阿姆斯特丹大学大数据生态系统教授

——巴特·克劳(Bart Kollau),反馈办公室主任和 TruQu 联合创始人

——雅克·库弗(Jacques Kuyf),De Vroedt & Thierry 临时经理、监事会成员和合伙人

——弗兰克·范鲁伊克(Frank van Luijk),评估心理学家和领导力专家

——凯文·奥唐奈(Kevin O'Donnell),欧信国际集团北京办事处业务沟通总监

——伊尔瓦·波尔曼(Ylva Poelman),生物和创新专家,*De natuur als uitvinder* 的作者

——昆汀·施弗奈斯(Quintin Schevernels),人力资源技术投资者,《西服和连帽衫》的作者

——巴特·施拉特曼(Bart Schlatmann),荷兰安智首席运营官

——乔思妮·舒艾特(Josine Schuijt),De Vroedt & Thierry 研究员

——朱迪斯·夏尔普(Judith Schulp),Lexence Advocaten 公司

——费克·谢白曼(Feike Sijbesma),帝斯曼集团管理委员会首席

执行官兼董事长

　　——汉克·简·史密斯（Henk Jan Smith），毕马威咨询有限公司合伙人

　　——冯斯·琼潘纳斯（Fons Trompenaars），领导力大师，若干书籍的作者，包括《驾驭文化浪潮》（与查尔斯·汉普顿-特纳合著）